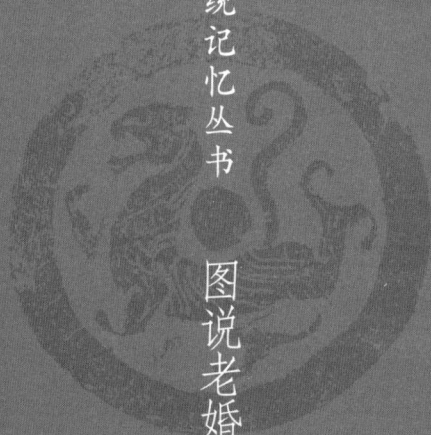

中国传统记忆丛书

图说老婚俗

中国传统记忆丛书

图说老婚俗

矫友田 著

济南出版社

图书在版编目（CIP）数据

图说老婚俗 / 矫友田著. —济南：济南出版社，

2016.6（2023.5 重印）

（中国传统记忆丛书）

ISBN 978-7-5488-2203-5

Ⅰ.①图… Ⅱ.①矫… Ⅲ.①散文集—中国—当代

Ⅳ.①Ⅰ267

中国版本图书馆CIP数据核字(2016)第151607号

出 版 人	崔　刚
丛书策划	张元立
责任编辑	吴敬华
装帧设计	侯文英

出版发行	济南出版社
地　　址	济南市二环南路1号 （250002）
发行热线	0531-86116641　86922073
编辑热线	0531－86131721　86131722
网　　址	www.jnpub.com
经　　销	新华书店
印　　刷	肥城新华印刷有限公司
版　　次	2016年7月第1版
印　　次	2023年 5月第5次印刷
规　　格	150毫米×230毫米　16开
印　　张	15.5
字　　数	210千字
印　　数	19001-24000
定　　价	48.00

（济南版图书，如有印装错误，请与出版社联系调换。联系电话：0531-86131736）

写在前面

转瞬之间，《中国传统记忆丛书》第一批书目推出已经一年有余。这套经过我们悉心筹划的丛书自推出以来，不仅赢得了读者的喜爱，也获得了社会的认可：国家新闻出版广电总局和全国老龄委把它作为"向全国老年人推荐优秀出版物"，教育部把它列入"全国中小学图书馆（室）推荐书目"。在欣慰之余，我们也坚定了在"中国传统记忆"这个主题上继续走下去的信心与勇气。

传统文化，是一个永恒而博大的主题。它需要我们细心地去探究，在点点滴滴间还原历史的足音。

我们应该知道，传统文化是一个民族宝贵的财富之一。一个民族，之所以能够屹立在世界文明之林，与它独特而充满魅力的传统文化有着密不可分的关系。

在五千多年的文明历史进程中，我们的祖先创造了辉煌灿烂、丰富多彩的传统文化。那些优秀的传统文化，是中华民族的历史见证和发展脚步的印痕。时至今日，它们仍在默默地滋养着中华民族的灵魂。

然而，在这个日益喧哗和浮躁的红尘中，我们却不经意地逐渐远离了那些优秀的传统文化。甚至有很多人因为误解，将传统文化归入守旧、迷信、贫穷之列。"去传统化"观念的泛滥，使得传统文化的传承，陷入一个尴尬的窘境。有些传统文化已经支离破碎，有些还在苟延残喘。这样说，绝非危言耸听，而是一种真实的写照。

譬如，以传统节俗来说，有许多能够起到密切宗族亲情，弘扬民族气节与情感的节俗，在繁华的城市里早已消失殆尽。即使在广

大农村地区，随着城镇化建设的发展，一些有着丰富内涵的节俗，也已经变得形同虚设。这样的结果，最终只能导致年轻一代人对传统文化的无知，以及在民族认同感上的失落。

一个人丢失了记忆，就会失去自我；一个民族丢失了传统，就会失去世界。

传统文化中所蕴含的民族精神和诸多道德理念，无论何时都具有强大的生命力。正是因为有了传统文化的熏陶，中华文化才源远流长，才养育了一代又一代的民族精英。

因此，传统文化里所保留下来的精华，是一个民族永远不该忘记的记忆。留住那些传统记忆，不仅仅留住了一方心灵的栖息地，更重要的是留住了一条绣满中华基因密码的"金丝带"。在它的上面，凝结着中华民族勤劳勇敢、自强不息、前赴后继的可贵的民族精神和民族大义。

正是基于这种使命，我们自感责任重大，也有必要通过不懈的努力，将"中国传统记忆"这个主题不断深化下去。我们在创作与出版第一批图书的经验和基础上，广泛汲取读者的合理建议，在文字与图片的质量上进一步悉心打磨，倾心推出"中国传统记忆"第二批——《图说老节俗》《图说老行当》《图说老婚俗》《图说老游戏》。

我们真诚地希望这套系列丛书，能够进一步激发起读者对传统文化的兴趣，帮助每一位读者重温那些淳朴而又美好的记忆，使其从那些与历史、民俗相关的记述中，体味到中华民族传统文化的本源。

留住传统文化的根脉，我们的灵魂将不再孤独，我们的生命也会逐渐吐露出浓郁的芳香……

矫友田

2016年6月

目　录

第一章：尘世姻缘，漫漫长路

◎ 从杂乱婚到血缘婚

岁月漫长，在沧桑的社会历史进程中，婚姻一直都是一个永恒的话题。

如果把婚姻比喻成一首荡涤心灵的乐曲，那么每一个人都曾渴望把它奏响。婚姻，是孕育一个家庭，乃至一个国家的最原始的"母体"。因为有了这个母体之后，社会一切的发展才有可能。

它更像是一架古老的显微镜，透过不同时代婚姻的"镜片"，能够清晰看到每一个不同时代的形态，以及社会文明进程的快慢。因此，无论是在过去、现代，还是遥远的未来，只要有人类的生活存在，婚姻将一直持续下去。而与其相关的一些传统习俗，尽管有许多已经被时代遗忘，然而它们的"基因"，却无形地分布在每一个炎黄子孙的体内，令中国民间的婚礼时时都呈现着一种喜庆与迷人的色彩。

婚姻家庭，是人类社会发展到一定阶段才出现的社会形式。在人类处于蒙昧时期，祖先们的婚姻关系没有

龙凤呈祥，是中国婚俗文化的精髓

原始社会初期阶段，人类处于群婚状态之中，还没有婚姻可言

固定的配偶形式，这种杂乱婚亦称"群婚"。这时，没有任何习俗制度对婚姻进行限制和规范。

关于远古人类的杂乱婚姻，古文献里有一些线索。如《吕氏春秋·恃君览》中记载："昔太古尝无君矣，其民聚生群处，无亲戚兄弟夫妇男女之别，无上下长幼之道。"再如《列子·汤问》中写道："男女杂游，不媒不聘"，等等。

不少古代典籍，还记载了众多关于异类婚配繁衍后代的故事。比如我国古代第一部诗歌总集《诗经》，便记载了"简狄吞燕卵而生契"的传说：

商始祖契的母亲简狄成为上古时期"三皇五帝"中的第三位帝王帝喾的妃子之后，两年多都没有怀孕。简狄的母亲也非常着急，便带她去女娲娘娘庙烧香求子。路过玄丘，简狄的妹妹怂恿简狄到玄池里泡澡。

两个人在洗浴的时候，一对燕子飞来，竟在池子里裸露的石头上下了一个五彩鸟蛋。简狄感到很好奇，想收藏这枚奇物却不知道放在哪里。她突发奇想，便把彩蛋暂时含在嘴里，准备上岸后再取出来，结果却不小心将它吞进了肚子里。不久简狄就怀孕了，并生下了商族的始祖"契"。因此，契也被后世的子孙尊称为"玄王"。

西汉司马迁撰写的《史记·周本纪》，则记载了一个"姜嫄生后稷"的故事：据传姜嫄是帝喾的第一个妻子，她也是在郊外踩了巨人的足迹，受了感应，才生下儿子后稷的。在《诗经·大雅》里面，还有关于后稷出生后的传说。据说后稷从母体生下时，就像羊的胞胎，且没有裂开。人们将其视为不祥之物，把他抛弃了。先是将他扔在狭窄的小巷里，牛羊却避闪着不踩踏他；而后又将他扔在冰上，却出现了一只大鸟用翅膀为其避寒。

现代看来，这些传说极为荒谬和怪诞，但是也从侧面反映出远古杂乱婚导致的生儿不识其父的现象。

远古时期，人类的祖先与野鹿、羚羊为伍，逃避着豺狼虎豹等猛兽的侵袭与伤害。他们采集野果、野草籽果腹，捕杀野兔、鹿和游鱼充饥，还没有完全摆脱动物属性。人的智商和思想也尚未开化，生产力低下，生产工具粗劣，人类想要生存就必须群体活动，共同对抗大自然的恶劣环境。因此，杂乱婚是一种婚姻形态，而非婚姻制度。

随着生产力的不断发展，生产上出现了自然分工，比如老人照看小孩，青壮年外出采集或打猎。这样一来，人们便自然而然地开始按年龄大小划分不同的集团。于是，不同年龄集团之间的男女在婚姻关系上产生了距离。人们的婚配关系，便逐步限制在同龄（辈）男女之间。人们的思想意识随着生产力的不断提高而提高，对不同辈分间男女的杂乱婚姻关系本能地产生了憎恶与反感。于是，先民们实现了从杂乱婚姻到血缘婚姻的过渡。

血缘婚，只是排除了父女、母子这种不同辈分间的男女杂乱婚姻关系。至于同辈男女之间，则可能既是兄弟姐妹，又是夫妻关系。

关于血缘婚，我国古代文献里也有诸多的记载。如唐代李冗撰写的《独异志》，便记载了一个伏羲女娲兄妹婚配的故事：昔宇宙初开之时，只有女娲兄妹在昆仑山，而天下未有人民，议以为夫妻，又自羞耻。兄即与其妹上昆仑山，咒曰：天若遣我兄妹二人为夫妻，而烟悉合；若不，使烟散。于烟合，其妹即来就。兄乃结草为扇，以障其面。

故事中所说的兄妹成婚，便是原始社会血缘婚俗的反映。现

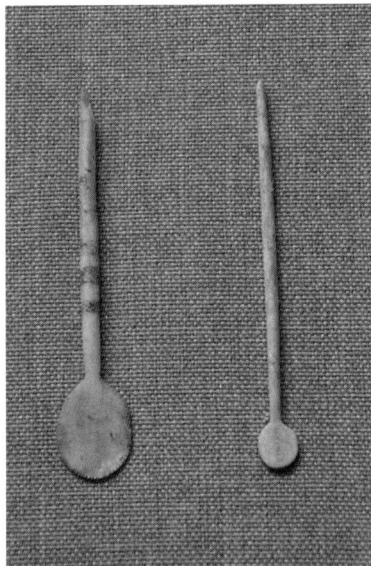

新石器时期妇女束发时所使用的骨笄（簪子）

伏羲与女娲兄妹婚配的传说，
其实是原始社会血缘婚俗的反映

图说
老婚俗

在，苗族、怒族、壮族等少数民族，仍然流传着伏羲女娲兄妹婚配的故事。故事的内容形式虽不相同，但实质都具有共同的特点。在这些美丽传说的背后，渗透着人类对原始社会兄妹联姻的追忆，反映了当时社会中的血缘婚现象。

同辈血缘婚的典型模式是，一群兄弟与一群姊妹之间共夫共妻。这种婚姻的特点是：母亲知道哪一个是自己的子女，子女也知道自己的生母，然而，父亲却无法知道自己的子女，子女更无法知道自己的生身父亲。

但是，这种由杂乱婚演化而来的血缘婚，对于人类体质结构的发展与种族的繁衍都有一定的积极意义。

◎从族外婚到"一夫一妻制"

随着生产力的进一步发展，人们的生活逐渐由原来的流动性采集狩猎，向比较稳定的耕种农业过渡，各个集团之间开始有了交往。一方面，集团内的血缘婚已经不能适应新的生产力的发展需求；另一方面，人们逐渐认识到血缘婚的恶果——婚后所生的孩子往往先天畸形，屡屡出现痴呆、聋哑等残疾现象。

同时，人们还发现分属不同血缘集群的男女产下的子女往往十分健康和壮实，很少出现畸形和残疾的情况。从此，不同血缘集群男女婚配逐渐代替了血缘集群内的兄弟姊妹婚配，血缘婚开始过渡到族外婚。

族外婚，是不同集团之间同辈男女互相通婚的婚姻制度。这种婚姻制度，排除了同一集团内的男女婚配，男子须找外集团的女子为妻，女子得找外集团的男子为夫。这种婚姻下，男子仍属本母系

族外婚中，处于母系氏族的子女们，只知其母不知其父

集团，子女为母系所有，世系按母系确定。

族外婚并非对偶婚或专偶婚，男子只在女子家过婚姻生活，男女均没有固定的配偶，因而所生的子女仍然是"知母不知父"。正是由于这个原因，当时在称谓习俗上出现了姑父、岳父、舅父不分和姑母、岳母、舅母不分的现象。

在母系氏族社会，妇女居于家庭和社会的主导地位。但是，随着生产力的提高，人类在与大自然的斗争中逐渐获得了主动权，不仅生存条件得到了改善，人的精神世界也日趋完善。女性更需要较稳定和长久地与一个男子结合，以此来减少婚姻圈子内的异性数量。随之而来，对偶婚开始逐步取代了族外婚。

对偶婚，是指一个女子可以在一群男子中选择一个做她主要的丈夫；同理，一个男子也可以在一群女子中选择一个做他主要的妻子。

不论男女，除了主要配偶外，还有若干次要配偶。对偶婚时代，男子必须嫁到女方氏族中去，过着访居生活。很多文献也记载了有关对偶婚的故事，这也说明对偶婚在我国历史中确实存在过。西晋皇甫谧撰写的《帝王世纪》记载了帝喾的故事："帝喾有四妃，元妃有邰氏女，名姜嫄，生后稷；次妃有娀氏女，名简狄，生契；次妃，陈峰氏女，名庆都，生放勋；次妃娵訾氏，名常仪，生帝挚。"元妃是帝喾的主要妻子，其余三个妃子则是次要妻子。

关于对偶婚，《史记·五帝本纪》也有记载：舜娶尧的两个女儿为妻，娥皇为后，女英为妃，后为主妻，妃为次妻。又载：娥皇、女英与舜的弟弟有着"并淫"现象。这些记载，便是对偶婚的典型特征。

对偶婚的确立，宣告了血缘近亲婚的结束。这是人类婚姻史上的一次重大革命。稳定的婚姻和生活，不仅促进了生产力的发展，也促进了人类文明的发展，而且还能够为后代的健康发展提供遗传

舜娶尧的两个女儿为妻，娥皇为后，女英为妃

和生理上的保证。

当然，也应该认识到，对偶婚虽然有着重大的历史意义，但婚姻关系仍然不是长久和稳定的。在对偶婚时期，生产力仍然低下，生产工具也很简陋，单个家庭无法以自己的力量对抗自然。"家庭"的概念还没有在人类的头脑中完全形成，社会的基本经济单位仍然是氏族。因此，对偶婚家庭仍然是脆弱和松散的。夫妻双方的离婚是容易和常见的，解除婚姻也不需要有繁冗的手续。

此后，随着生产力的进一步发展，人类社会的农业和畜牧业水平都有了较大的提高。男子逐渐成为社会财富的主要创造者。女性因为身体先天不如男性强壮，加之还要生育和抚养后代，其社会地位江河日下。

物质产品的剩余，使人类社会出现了私有财产，男人们也掌握了对剩余产品的支配权，成为私有财产的主人。

于是，人类婚姻发生了一个根本性的变化——从族外婚时的男嫁女的"从妻居"，变成了男娶女的"从夫居"。从此，对偶制家庭被专偶制父权家庭所替代，出现了按父系确定世系和财产继承的制度。一夫一妻的专偶制婚姻便诞生了。

一夫一妻制，是伴随着私有制的出现而产生的婚姻制度，是一种伟大的历史进步。它产生并奠定了数千年绵延不绝的各种婚姻习俗，使我们的婚姻变得绚丽多彩。

一夫一妻制婚姻的突出特点是实现丈夫对妻子的独占同居，在其表现形式上是男娶女嫁，妻子随丈夫居住，子女从父姓，而且有财产继承权。一夫一妻制家庭与对偶制家庭不同的地方，就在于婚姻关系要坚固得多，这种关系现在已经不能由双方任意解除了。

这件红山文化时期的孕妇陶塑像，与当时的生殖崇拜活动有关

而实际上，对偶婚向一夫一妻制婚姻的演进，经历了一个漫长、渐进的过程。我国夏、商二朝，就处在这个演进的过程之中。夏朝第一代君王禹，不像传说中的帝喾、帝尧各有4个妻子，也不像舜可以同时娶娥皇、女英姊妹俩为妻，他只有一个妻子，即涂山氏。在商代的30多个国王中，多数也是一人一配，如商汤配妣丙、太甲配妣辛等。但是，到了商朝后期，已实行一夫一妻多妾制度，如商武丁除了正妻之外，还有64个妾。

不过，由于母权制度遗风的影响，商代妇女的地位还是比较高的。从甲骨文的卜辞中可以看出来，商王对先妣极为尊崇，常常为她们举行特祭。在商代，先妣和先祖是被同等看待的。到了周代，先妣便只是陪同先祖受祭了。商代重祭祀，妇女可以参加祭祀活动，甚至可以担任主祭。商王的妻子们往往领有封地，总揽封地上的一切行政事务，只是像诸侯一样交纳贡品给商王。她们还可以从事国家重要的政治活动和军事活动。

这里我们就不能不提到妇好。妇好是商代中后期君主武丁的妻子，也就是王后。据妇好墓出土的文物及卜辞记载，妇好是一位杰出的军事领袖，她曾多次作为远征军的统帅，率兵大败不断袭扰商朝边境的土方、羌方、巴方和夷方等部族，辅佐武丁励

商王武丁的王后妇好雕像

精图治，重振国威。

那时候的女将军还不止一人，武丁的另一个妻子妇妌也曾受命出征龙方，只不过名气不如妇好大罢了。

经过夏、商时期的发展，一夫一妻的婚姻制度终于确立下来。一夫一妻制能够促使夫妻间爱情专一，和睦相处，使生活美满幸福。然而，私有制时代的一夫一妻制，在父权、夫权的支配下，只是单方面对女子提出的要求，它通常不排除男子用各种名目，实行公开和秘密的多妻制度。

◎ "周公六礼"与"媵妾制"的盛行

周王朝建立后，片面地总结了商纣王宠妲己而亡国的教训，认为女人是祸水。随着宗法等级制度的确立和巩固，统治者越来越多地用道德和法律的手段限制、剥夺妇女的自由。此外，周王朝几乎完全将妇女排除在政治之外，着力强调男女有别，男尊女卑。

商代以前，婚姻尚无礼仪规定。到了周代，婚姻礼仪有了明确的规定，即"周公六礼"。我国古代第一部礼制典籍《仪礼·士昏礼》对"周公六礼"有过详细的记载：男家请媒人到女家提亲，谓之"纳采"；男家请媒人问女方名字和出生年、月、日、时，以占卜吉凶，谓之"问名"；男家卜得吉兆后，备礼告诉女家，决定缔结婚姻，谓之"纳吉"；男家给女家送聘礼，谓之"纳征"；男家决定婚期，备礼告知女家，求其同意，谓之"请期"；新郎至女家迎娶，谓之"亲迎"。

"周公六礼"为封建时期汉族聘娶婚的完整程序。此后，在两千多年的封建王朝里，我国民间的聘娶婚大都遵循"六礼"的

"周公六礼"的创立，使后世的婚俗礼仪变得规范起来，但也趋向于繁琐

礼制，只不过有繁有简，略有差异而已。时至今日，一些传统婚礼仪式，仍深深烙有"六礼"的印迹。

周代，是礼仪的创始时代。周王室为了巩固其统治，自西周初年起，就开始对政治对文化制定了一系列完整的典章制度和礼乐规范，这就是人们通常所说的"周礼"。

相传"六礼"的制定者为周公，在中国古代历史上，周公是一位颇有建树的人物，被后世尊为"元圣"和"儒学先驱"。

周公，姓姬名旦，是周文王姬昌的第四子，周武王姬发的弟弟，因采邑在周，爵为"上公"，故称"周公"。周公曾两次辅佐周武王东伐纣王，并制作礼乐，为周朝八百年的统治奠定了基础。

周礼在严格确立一夫一妻制的同时，明确承认了一夫多妻制的合理性，主要表现为"媵妾制"的盛行。

清人所绘光绪皇帝《大婚图》之"纳采礼筵图"

按照周礼，由于天子和诸侯的地位重要，他们婚姻的示范作用也就受到特别的重视。因此，他们娶妻应该是一次性的，这种一次性表现在：第一，天子诸侯正妻去世不得再娶；第二，天子诸侯"出妻"的条件较其他阶层的人要受到更多限制，即"天子诸侯出妻，无子不出，唯有六出耳"。可是，天子诸侯断然不会因为正妻亡故或无子而断了香火，于是规定妻陪嫁来的女子按顺序补上一个为妻，并从陪嫁女所生子中挑选一个为继承人。这样一来，媵妾制度就产生了。

那么什么叫"媵"呢？

《仪礼·士昏礼》解释道："媵，送也，谓女从者也。"由送的

这幅清人所绘的画作，表现的就是当时一富裕人家的男主人与妻妾玩纸牌游戏的情景

意义又引申到陪嫁之人。可见，"媵"就是诸侯女儿出嫁时随嫁的人。媵妾制度规定，诸侯之女出嫁，要由她的妹妹、侄女随嫁。此外，还要由诸侯挑选两个与女方同姓的女子随嫁，称为"正媵"，而且"正媵"也要由妹妹、侄女随嫁。这种婚姻制度，既是原始婚俗的孑遗，又成为奴隶主借联姻扩大政治势力的一种手段。

妾的出现，比媵婚俗略晚。妾的来源，包括被掠夺的女奴、罪犯的妻女、贫家出卖的妻女，或由于私奔而未经明媒正娶的女子。她们的地位同于奴婢，被视为贱妾。随着宗法制度的逐步加强，正嫡之外的次妃、副妻，以及媵，也一律被称为"妾"，或"贵妾"。

媵妾制实际上就是一夫一妻制名义掩盖下的多妻制。在周代，多妻多妾的状况被周礼固定下来以后，就带有强烈的等级制度。妻妾的多寡，同奴隶主的身份、地位、权力、财产等成正比。据《礼记·昏义》记载，处于最高地位的天子可以"后立六宫、三夫人、九嫔、八十一御妻"。诸侯是一娶九女。比诸侯地位低的卿、大夫则是一妻二妾。士也可以娶一妻一妾。卿、大夫和士的婚姻制度，与天子、诸侯不同，妻死后可以再娶，所以他们不采取一次娶足的媵妾制。

然而，到了群雄争霸的战国时代，诸侯们已不再理会"一娶九女"的规定，有的一娶就是十二女，有的则一娶再娶。《孟子·万章》中有这么一句话："食前方丈，侍妾数百人。"由此可见，战国时期上流社会媵妾之盛。

到了秦、汉时期，媵妾制变成了封建宫廷的后妃制。汉代从武帝、元帝以后，后宫里除皇后外，所有嫔妃分为昭仪、婕妤、容华、美人等十四个等级。西汉末期，王莽改制，除皇后外，设三夫人、九嫔、二十七美人、八十一御人，凡一百二十人。当然，这只是成

媵妾制盛行，当时一些寺庙僧人都不
再免俗

千上万宫女中的一部分。据《汉书》记载，除帝王外，"诸侯妻妾或至数百人，豪富吏民蓄歌者至数十人"。

隋、唐时期，媵妾制度更加完善，法律只禁止多妻，不禁止多妾，正妻只能有一个，媵妾则不受限制。宋代沿袭唐俗，媵妾制遍及全国，士大夫之家无不妻妾成群。甚至，各地庙观的和尚道士"皆外蓄妻子，置姬媵"。由此可见，宋代置妾之风是何等兴盛。

纳妾的目的，随着历史的演进也不再局限于初始的延嗣，而是炫耀身份地位，或贪恋美色等。但对于贫苦百姓来说，即使出于生子的目的，也常常无力纳妾。

明、清时期，国家法律仍然允许置妾，不过也有了一些限制，如《大清律》对纳妾的条件规定为："民年四十以上无子者，听娶妾。"但这样的规定对有权有势的人家来说却形同虚设，置妾之风一直到民国后期仍然极为常见。纳妾的恶俗真正得以根除，则是在1950年4月13日新中国颁布第一部《婚姻法》之后。

◎西风东渐下的"文明婚姻"

中国封建社会经过漫长的发展阶段，到了清朝道光后期，进入了"日薄西山，气息奄奄"的垂暮之年。1840年鸦片战争爆发后，随着外国列强的入侵，中国沦为半殖民地半封建国家。中国社会的性质和阶级关系从此也发生了变动。

19世纪中叶，太平天国农民起义爆发，历时14年。起义领袖们颁布了男女平等的法令，确立了"凡天下婚姻不论财"、废除一夫一

喜上眉梢

妻多妾制，严禁娼妓等制度，在中国历史上有一定的进步意义。但是，起义领导人并没有遵守这些婚姻制度，而是沿袭封建体制，实行一妻多妾制，这也反映出农民起义的历史局限性。

将男女平等、妇女解放提上议事日程并提供实践机会的是1911年的辛亥革命。辛亥革命是由伟大革命先行者孙中山先生领导的资产阶级革命，它的成功宣告了清王朝的灭亡，从此结束了在中国长达2000多年的封建君主专制制度，同时也为中国妇女第一次在较为广泛的领域里参与政治和社会活动提供了契机。

1912年中华民国成立以后，旧的封建专制制度被推翻，新的民主共和制被建立起来。伴随着政治法律制度的变革，传统的婚姻制度和婚姻礼俗，再度成为人们关注的焦点。人们不仅对旧家庭制度和婚姻制度进行了更为深入的批判，而且以实际行动投入到变革旧婚俗、提倡新婚俗的婚姻变革运动中。

许多人指斥妻妾制度是变形的一夫多妻制，它导致男女不平等，演绎出妇女节烈等腐朽观念，呼吁人们来革除这吃人的畸形道德，争取婚姻自由。

1915年9月，陈独秀、李大钊、鲁迅等人，以《新青年》和《每周评论》创刊为开端，发起"新文化运动"。当时对个性解放、妇女解放和婚姻自主等问题的讨论十分热烈，不少有知识的青年男女，群起反对父母包办婚姻，争取婚姻自主；姑娘们抛开残害妇女的缠足习俗，迈开大步走出闺房，进入学校读书识字，参与社会改革活动，谋求与男子一样的平等权利；男子中的有识之士开始尊重妇女，支持解放妇女的斗争。新文化运动，对封建礼教和婚姻制度产生了

《新青年》杂志书影

强有力的冲击。

随着社会风气的开化，新型婚恋观的扩散，城市中父母主婚权逐渐减弱，男女交往趋向开放，许多青年在不同程度上获得了婚姻的自主权，新式文明婚礼与婚姻制度也得到了传播，一部分青年从传统婚姻制度中走了出来。

晚清时期，文明婚礼已经在一些大城市流行起来。到民国初年，这种新的婚姻仪式更受到人们的欢迎。当时，一些老年人无不为之惊呼："真乃天地无不易之常经！"对于此种变革，他们也感到无可奈何。

文明婚礼是与传统的旧式婚礼相对而言的，其主要特点是，新郎、新娘不再是两个素不相识的人，被"媒妁之言，父母之命"硬撮合到一起，不论是由亲友介绍的，还是通过同学、同事、同乡或亲戚等各种关系认识的，一般都有一个相互了解的过程。这样结成的夫妻，美满的当然会多一些，较之封建包办婚姻是大大进了一步。

在仪式上，则简化"六礼"的繁文缛节，不找命馆合婚，也不要所谓的"龙凤帖"，只须到纸店或书局买一式两份的新式结婚证书，自行填写姓名、年龄等，到举行结婚典礼时，由证婚人和介绍人盖章即可。这样夫妻关系就得到亲友、同学、同事、邻居的完全认可。凡小定、大定，包括男方过礼，女方陪嫁、送妆奁等先期性、过渡性的礼节仪式，一律从简，双方各自量力而行。

新郎迎亲时，不用传统吹鼓手，而是改用铜鼓、洋号西乐队；迎亲的花轿也改为挂有红绿彩绸的马车或汽车。

新郎穿燕尾服或西服，戴高顶礼帽，个别有穿青马褂蓝长袍的。新娘穿白纱礼服，长裙拖地，个别有穿旗袍的。新郎由两位伴郎陪同，前有两个小男孩提花篮。新娘由两位伴娘陪同，后有两个小女孩提纱。

那时候，大城市里都有出租男女礼服等结婚用品的店铺。参加婚礼的证婚人、介绍人、主持人等，则根据个人生活习惯和爱好，着装自便。

典礼仪式简单，但很庄

民间石雕作品"文明娶亲"

重，先由证婚人郑重宣读婚书，然后男女双方交换信物，再向主婚人、证婚人、介绍人和来宾致谢，之后新婚夫妇相互敬礼，拜见对方亲属，再向参加婚礼的长辈三鞠躬，对所有来宾一鞠躬。所有程式皆由司仪主持。在结婚典礼进行中，有钱人还请照相馆的摄影师进行摄影。

仪式之后还要摆酒席和茶点招待宾客，地点一般选在酒楼。回到家里后再拜祖先、认大小，闹新房。经济富裕的还到外地旅游度蜜月。

民国时期的文明婚礼，其形式内容与现代婚礼已经差不多了，但是在社会上流行的范围仅限于知识阶层和富裕人家。

从辛亥革命时期到解放之初，大城市里新旧婚仪并存，农村虽然依然沿袭老一套，但也已经大大简化了。由于地区不同，同为汉族的婚俗也存在很大的差别。

这幅老照片所表现的，是民国时期在一些大城市兴起的文明婚礼风尚

◎古代婚姻的特殊形式

中国各民族的婚姻习俗丰富多彩，不同地区、不同民族之间，婚俗的具体表现形式存在许多差异。

在古代中国，存在许多特殊的婚姻形式，从仍带有原始婚姻色彩的婚俗中，我们同样可以看到婚姻发展的轨迹。

　　掠夺婚　俗称"抢婚"，是古代氏族部落族外婚所造成的用战争形式掠夺妇女的遗俗。很多史书对掠夺婚都有相关的记载。《易经》中有这样的记载："乘马班如，匪寇婚媾。"意思是说，男方携带武器，骑着花斑马，将正在挣扎哭泣的女子抢回家里，强迫其成婚。

　　旧时，婚礼多选在黄昏时进行，这正是掠夺婚的写照。劫掠妇女以黄昏之时最为合适。《礼记》中也有记载：嫁女人家三天三夜不熄灭蜡烛，为的是思念被抢去的女儿。

　　掠夺婚这种婚姻形式在不同的历史时期有不同的特点，最初是名副其实的真劫；后来则是先抢夺，婚后送礼补偿；再后来，便演变成戏剧性的模拟战斗了。宋人陆游在《老学庵笔记》里写道："辰、沅、靖州蛮……嫁娶先密约，乃伺女于路，劫缚以归。亦忿争叫号求救，其实皆伪也。"

　　在浙江绍兴地区，许多人家为了省钱和防赖婚，也采取抢婚的形式。举行结婚仪式需要花费很多钱，有些家庭由于无力支付，男女两家便协商，瞒着已聘的女子，同媒人一起议定抢亲事宜。经过一番精心准备，新郎家人到新娘家中，趁新娘不备将她抢入轿中或船舱，强行抬到男方家拜堂成亲。这样既达到了成亲的目的，又省下大笔花销，男女两家皆大欢喜，只是苦了蒙在鼓里的新娘。这样的抢婚一般发生在底层社会。

　　这种抢婚是假抢。真正的抢婚，主要缘于以下两个原因：一个是双方订婚后，男家衰落，女方家赖婚，男方以抢婚形式促成婚姻的事实；再一个就是丈夫因家贫而卖妻，或者丈夫不务正业，因赌博、抽鸦片等恶习欠债，便以妻女抵债，而妻女不走或家族不许，对方寻找机会抢婚。在抢婚过程中，绝大多数女子是在痛苦中度过的。一些性情刚

抢婚恶俗

烈的女子，往往会以嚎哭谩骂或绝食寻死相反抗。

随着社会的进步，野蛮的抢婚形式早已在文明社会里消失了，但在现代婚姻习俗里面，还残存一些相关印迹。

转房婚 又称"收继婚"，是指以收继他人妻子为自己妻子的婚配方式，具体表现为父死子娶庶母、叔死侄娶婶母、兄死弟娶寡嫂、弟死兄娶弟媳的婚姻形式。收继婚既是原始社会群婚习俗的残留，又是封建社会一夫多妻的表现，还有防止财产、劳力外流的用意。

原始社会时期，各个部落之间战争频繁，在战争中被掠夺来的妇女也被视为男人们的财产。如果丈夫死去，他们生前所拥有的女子自然会被作为财产转让给部落内的其他男子。这种婚姻方式继承和维护了原来的亲族系统，使死者的子女不致外流，也维持了两个婚姻家族之间的和睦关系。这是转房婚存在的最初意义。

转房婚具有奴隶制粗野的特性，在流行此俗的时代或地区，即使是国君的女儿，一旦被男人娶走，便成为男子家族中的一宗财产，丈夫死后，她便得转嫁给同房中别的男子。如汉朝时的王昭君，她远嫁匈奴呼韩邪单于，呼韩邪单于死后，按匈奴婚俗，她必须转嫁给庶子。当时虽然汉朝法律已经明文禁止收继婚，但却制约不了匈奴人。王昭君上书求归，汉成帝勒令其从俗。无可奈何，王昭君只得遵命转房。

转房婚俗早在先秦时期便遭到人们的指责，以后各朝均有法律规定废止，但在实际生活中却并未绝迹。历史上最负"臭名"的收继者，当属隋炀帝。在其父隋文帝弥留之际，他便逼迫庶母宣华夫人陈氏转房为其妻。文帝得知后气急败坏，

远嫁匈奴的王昭君，在呼韩邪单于去世之后，不得不接受被转房的命运

却已力不从心。文帝病死的当天，美貌无双的宣华夫人便被隋炀帝收继；接着，容仪婉丽的容华夫人蔡氏也被隋炀帝收继。

除了隋炀帝之外，唐太宗也收继了弟弟李元吉的妃子杨氏，唐高宗收继了唐太宗的才人武则天。

到了宋代，理学兴起。在宋朝理学家看来，转房婚明显地违背了理学的"三纲五常"原则，从血缘关系上而言，至少这是一种"乱伦"的行为。程颐和朱熹都曾指责唐朝皇帝"其妻则娶之不正"，并且指责唐朝的贵族们"闺门失礼之事不以为异"，这表明程朱理学对转房婚的鄙夷态度。

明、清以后，官方利用强制手段禁止转房婚，同时，也大力提倡"三纲五常""三从四德"等正统儒家观点。官方与儒家共同提倡妇女从一而终，终于在明朝形成了社会风气。清代《干分嫁娶》中规定：嫡子收继父妾，伯叔母转嫁侄儿等均死罪，行斩决。兄亡弟收其嫂或弟亡兄收其弟妇者，均行绞决。

从此以后，转房婚习俗逐渐在汉族中消失了，但在一些少数民族中仍盛行，有的地方甚至延续到了近世。

交换婚　双方父母交换女儿作为儿媳妇，或者男子交换姊妹为妻的婚姻形式。西周时期，姬、姜两姓世代结为婚姻，实际就是交换婚。南北朝时期，刘宋孝武帝的姑姑嫁给王偃，生有儿子王藻、女儿宪源。孝武帝娶宪源为皇后，王藻又娶孝武帝的姊妹临川公主为妻，这也属于交换婚的情况。魏晋之后，一些名门望族出于政治上的需要，世代相互缔结为亲，这种婚姻形式曾长期流行。

而换婚风俗在民间盛行的原因，不仅仅是人们想借这种方式"亲上加亲"，更是为了获得经济

穷奢极欲的隋炀帝先后收继了自己的几名庶母

利益。对于家境贫寒的人家来说，换婚可以达到互利互惠的目的，双方都可以省掉一笔彩礼钱。

交换婚的礼仪与一般婚礼大致相同，但礼仪程序有所简化。在此婚姻形式下，一旦一方夫妻不和，就会牵动另一方。在一般百姓的眼里，换婚是"没有办法的办法"。若不采取此法，女孩较容易嫁出去，男青年却很容易打光棍。

交换婚是一种非常粗俗的陋习，它将婚姻变成了赤裸裸的交换关系，剥夺了青年男女选择配偶的自由，也导致了许多婚姻悲剧。这样的婚姻形式，主要是以牺牲女子的自由为代价的。20世纪80年代以前，在我国一些贫困地区，换亲的情况仍时有发生。此后，随着人民生活水平的提高，交换婚的陋俗才逐渐消失。

买卖婚与典妻婚　买卖婚是男子用钱财把女子买来，作为自己妻妾的婚姻形式。买卖婚曾经盛行于周代，聘者为妻，买者为妾。妻妾之称，一直延续到近代。后来的聘娶婚，也是从买卖婚演变而来的。

到了隋、唐时期，朝廷已经明文规定不许买卖妻妾，违者还要受法律制裁。如唐律规定，买卖人为妻妾者，惩罚服劳役3年。此后，历代有关买卖人口的法律大致相同。清代《盗贼篇》规定，强行夺取良家妇女卖给他人为妻妾者，处以绞刑。对于知情而买的人，也有相应的处罚规定。

但实际上却禁而不止，一再地重申禁令，也正好从反面说明买卖婚在封建社会长期存在。买卖婚的盛行，给许多家境贫寒的人带来巨大的伤害，随之也引发一系列的社会问题：一，男方因为无钱娶妻变成光棍。二，出现了大量以索取"聘礼"为目的，

清代的绣帘挂饰

中国传统记忆丛书

图说
老婚俗

具有严重交易倾向的买卖婚。有些女方父母为了获取重金，甚至不惜牺牲女儿的幸福，把女儿嫁与老者或者残疾人。三，产生了由买卖婚畸形发展起来的拐卖妇女、卖身等罪恶行为。

典妻婚是由买卖婚派生出来的一种临时性婚姻，旧时这一陋俗曾流行于全国大部分地区，尤以浙江、福建、山西、甘肃、辽宁等地最盛。

典妻之俗在宋、元时期已经较为普遍。据话本《京本通俗小说》描写，在宋代的临安（今杭州），典妻由丈夫做主，须有双方写立文书；典价由双方商定；赎回时需要归还典价，并加利息；如无力赎回，出典的妻子将永远跟随受典人。元代时，南方典雇妻女之风甚盛，以至于元朝政府明令禁止。

明朝法律也是禁止典妻的，《明律·户律》规定：凡将妻妾受财雇与人为妻妾，受杖八十。清朝也有类似的法律。

虽然历代对典妻陋俗都设有禁律，但它却禁而不绝，直到近代，在一些地区仍然存在。

典妻的原因，大致有这样几种：一是为生活所迫，无力养活妻子儿女，只好暂时出租自己的妻子，以换回一些金钱维持家庭生活；二是丈夫患病或被债务所逼，穷困潦倒，为了生计，只好将妻子典当或出租以换取金钱；三是少数赌棍和懒汉，为了支付赌博等不正当的费用，将妻子作为商品典给别人。

而那些租借他人妻子做自己妻子的，也有几种原因：一是受典人无钱娶妻，便乘人贫困，或赌博得胜之机，将他人妻子典当过来；二是由于自己的妻子无法生育，暂时租借他人妻子来生育，为自己传宗接代。

典妻须订立契约，亦称"典婚书""典婚合同"。各地契约没有一定格式，但都要双方签名画押才有效，一式两份，由原夫和典夫收执，一般除写明出典原因外，还要有期限、典价、子女抚养归属等具体条款。典妻也需要媒证，即"中人"或"介绍人"。

典妻和典主生下的孩子留在典主家，典妻虽然与孩子有血缘关系，但是孩子只能以典主的原妻为母。这些孩子可以入典夫的家谱，

典妻

甚至可以取得典夫家的财产继承权。在典期内，典妻与原夫的婚姻关系并不会解除，即使妻子去世，尸体也要运回原夫家。

典妻婚，是一种典型的买卖婚姻，女人犹如一件商品，被男人随意典当和出租，已失去了做人的起码尊严，成为男人泄欲和生孩子的工具。

到了现代，这种陋俗已经被彻底铲除了，然而由于受金钱利欲的驱使，仍有拐卖女子的罪恶行径存在。这种恶行不仅践踏了法律，而且对被拐卖女子的身体与精神都造成极大的伤害。这类不法之徒理应受到法律的严惩。

童养媳 又称"待年媳"，是指有子嗣的人家，领养别人家的女婴、幼女作为养女，待其长大之后，再令她嫁给自家儿子的婚姻形式。

在我国民间，童养媳很早就出现了。据《三国志》记载："沃沮国女，至十岁，婿家即迎之长养为媳。"又据《后汉书》记载，东汉献帝建安八年，曹操娶亲，娶的就是"少时待年"的童养媳。

到了宋代时，童养媳之风越来越盛。这是因为宋代民间习惯"金钱婚"（即男方以金钱聘女，女方以金钱随嫁），穷人便以童养媳形式代替聘嫁，相沿既久，便成风俗。比如在著名元代杂剧《窦娥冤》中，窦秀才借了蔡婆婆20两银子，因无力偿还，被迫将7岁的女儿瑞云（即窦娥）送与蔡家做了儿媳。此种做法犹如卖女。

童养媳婚姻的流行，有着广泛的社会原因。在许多地方，一些比较贫穷的人家，因无力抚养幼小的女儿，便将其卖给他人做童养媳。还有的人家，在重男轻女思想支配下，看不起自己生下的女儿，不惜将她卖掉，既减轻家中经济负担，又增加家中收入。这样，一

些想给儿子提前娶妻的人家，花费很少一点钱，便可将幼女抱回家抚养。男女两童异房而居，以兄妹相称，待到成年后，男家便选择吉日举行婚礼。

抚养童养媳的人家，一般也是不太宽裕的人家，社会关系也不多。抚养童养媳对男家来说，主要有三大好处：一是童养媳不需要彩礼，等到正式结婚时，仪式要比大娶简单得多，不需要花很多钱；二是幼女进了男家做童养媳之后，往往被作为廉价劳动力，干家务、带孩子；三是可以从小培养婆媳感情，使之情同母女。

然而，由于是买卖关系，夫家多虐待童养媳。过去安徽地区有首歌谣唱道："养媳妇，到灶边，心中有苦赛黄连，骂声恶婆老不死，养媳妇受苦到哪年？"还有首歌谣唱道："养媳妇，实在苦，淘米拎水爬滩坨，冷粥冷饭吃一肚，挨打挨骂真正苦。"无疑是旧时童养媳悲惨生活的真实写照。

很多童养媳在男方家庭中地位低下，每天承担着繁重的家务劳动，经常挨打受气，像佣人一样生活。有的童养媳甚至被婆家折磨致死。新中国建立后，明确禁止买卖幼女，童养媳现象逐渐消亡。

指腹婚与娃娃亲　指腹婚，亦称"指腹联姻"。旧时，朋友知己间，如双方妻子都怀孕，两家便约定（一般为口头），若生下一男一女，长大后则使他们结为夫妻，双方成为亲家，这显然是封建家长制包办婚姻的一种变态形式。

这种婚俗约起源于六朝时期，当时社会上十分注重门第，指腹为婚是为了保证门第之间平等关系的延续。这种婚姻形式，多在官宦人家出现，民间不多见。古代的传奇小说、话本、戏曲，对这类婚俗多有表现。这种畸形婚俗，即使在封建时代也经常受到指责，甚至遭到禁止。司马光就曾指出指腹婚弊害之多。元代在法律上甚至规定：

喜从天降灯窝帘

"诸男女议婚，有以指腹割襟为定者，禁之。"事实上，这种恶俗相沿到解放前还有，足见积习之难改。

与指腹婚性质相近的还有娃娃亲。亲朋好友之间，如果互相喜爱对方异性的孩子，且其岁数差不多，便结"娃娃

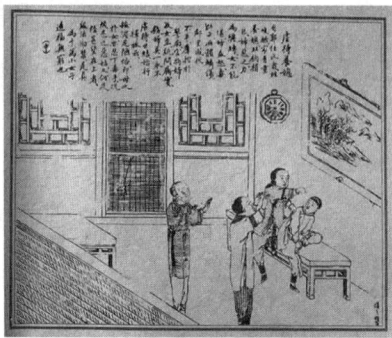
虐待童养媳

亲"。待孩子长大后，两家成为儿女亲家。结娃娃亲一般在小孩二三岁至十岁前进行，娃娃亲也要举行仪式，一般双方一起吃顿饭，表示同意便可。之后，每年在一些较重要的节日里，男方要去女方家探望，也算是提醒女家，不要忘了此事。在古代仪式之后无论出现什么意外情况，都不能悔婚。这种婚姻形式，有时会造成抱残守缺的悲剧。

到了近现代，娃娃亲婚约的解除，便不像古时要求那么苛刻了。譬如山东青州一带，若男方意在解除，只要不再去女方家探望就行。连续两年不去女家，女家也就明白了男家之意，一般也就同意解除婚约。若女方先意解除，待男家来人时则婉言谢绝不见，连续两次，男家也就明白了其中之意，一般也会顺遂女方的意愿。

解放初期仍有结娃娃亲的现象，然而，提起的多，成功的少。再者，现代的婚姻以自由恋爱为主，父母们这种做法，令青年人很

喜结良缘

反感，于是娃娃亲的习俗便自然而然消失了。

入赘婚与服役婚　入赘婚又称"招女婿"，俗称"倒插门"，指男方到女方家为婿的婚姻形式。入赘婚是母系氏族族外婚的遗俗，在漫长的中国封建社会中一直存在。

春秋战国时期，齐国渔业和盐业发达，女子从事纺织品加工，经

中国传统记忆丛书

图说
老婚俗

济地位比较独立，便享有嫁与不嫁的选择权利和自由。于是，一些负担不起赋税的男子便以典质、服役、出卖的性质入赘到不愿嫁出的女子家。有些赘婿身份低贱，不能与女家的"千金"结婚，只可以与主人赏赐的女奴婚配。

在旧时，赘婿是要受到歧视的，不仅在家庭和社会中的地位低下，而且还要从妻改换姓氏，直到三代之后才能复姓归宗。因此，入赘者多为贫穷多子、无力娶妻人家的儿子，或者迫于财势，不得不入赘的人。

春秋战国时期,齐国女子的经济地位相对比较独立,因此入赘婚的现象比较常见

一般来讲，女方招婿入门，原因不外有三：一是无子嗣；二是男儿幼小，长女出嫁后无人养家；三是老年无靠。说到底就是为了解决两个问题：一为养老，二为继嗣。寡妇再嫁时，招夫上门，俗称"坐门招夫"或"招夫养子"。从这些俗称可以看出，女方多半有房产、地产，为生计而招婿。

旧时入赘还要签"婚约书"，因为这涉及女家财产继承的问题。婚约书由双方家长和女方伯叔或兄弟画押才能生效。"招夫养子"要在祠堂"签约"，写好后，笔墨砚台全部抛弃，意为此事不再出现第二次。

自古至今，入赘婚一直在全国各地普遍存在，在广西、四川、云南等少数民族聚集地区，这种婚姻形式更为盛行。当今社会，随着人们思想观念的解放，上门女婿早已被人们所接受。

与入赘婚相联系的还有服役婚，或称"服务婚"。这种婚姻制度是指男子到女方家从事一定期限的无偿劳动后，就能够以自己付出的劳役为条件，实现娶妻归家目的的婚姻形式。据《新唐书·北狄传》记载，室韦族男子先到女家做3年佣工，之后就可以把妻子带回家中。

双喜临门

元代把赘婚分为两种：一种是终身在妻家作赘，行赡养女方父母之责，称"养老"；另一种是有年限地到女家服役，年限届满，或妻子亡故方可归宗，称"出舍"。后者就是服役婚的形式。

入赘婚和服役婚是人类社会一定阶段的产物，有其历史的正当性和合理性，这两种婚姻形式一直相沿到近现代。

冥婚 亦称"结鬼亲""阴亲"等，就是为死去的未婚青年男女操办婚事。旧社会有种迷信的说法："孤魂不入茔，入茔不吉利。"因此，人们将那些未婚少亡者只能埋在祖茔的外沿或无人祭祀的乱葬岗内。

死者的父母为了使少亡的子女得到安慰，便制造出了这种古老的封建迷信的婚俗形式。此俗起源甚古，《周礼》中便记载"禁迁葬与嫁殇者"，由此可以推断，此风在先秦时期就已经盛行。汉代时，人们称冥婚为"聚会"。三国时期，魏国地界冥婚非常普遍，就连皇室都未能免俗。

据史料记载，三国时期的曹操就操办过一次冥婚。曹操最喜欢的儿子曹冲13岁时不幸病故，曹操悲痛万分。曹冲生前因年幼未及

这是清代一官宦人家在隆重举行冥婚仪式

纳采订婚，曹操就向邴原说亲，希望邴原将他未嫁而死的女儿嫁给自己未娶而死的儿子，但遭到邴原的婉拒。后来，曹操终于聘到甄家死去的女儿，为曹冲结成了冥婚。再后来，曹冲被追封为邓哀王，他的侄子成为他的继嗣者，并承袭爵位。可见，冥婚的一个重要意义在于确立继嗣，以便维护宗法和政治的利益。

到了唐朝时，冥婚已经成为一种风气，新旧唐书，事例不绝，而且多在天子与朝臣之间。唐中宗时，韦皇后为亡弟与萧至忠亡女冥婚合葬。后来，韦氏事败，萧至忠发墓把亡女棺枢迁走，以表示离婚。

唐人的小说作品，更是大张其辞，记叙冥婚。唐人戴孚撰写的《广异记》中有这样一个有趣的故事：王乙曾与一女相欢，此女忽病，后王乙得官再过此地，闻其女已亡，便往葬处祭之，痛哭不已。不一会儿，见女从墓中出来，王乙遂伏地而死，魂魄与女同入墓中。于是，两家便为之冥婚。这一故事也反映出冥婚之目的。

这种迷信婚俗发展到宋代时更为严重。当时有一种职业叫作"鬼媒人"，"鬼媒人"不仅要为死者两家撮合，而且还要通过占卜、祭礼、设幡等一系列仪式为死者举行婚礼，然后"鬼媒人"就可以得到两家分别赠送的媒礼。据说"鬼媒人"每年都要去了解、掌握本乡男女死者情况，以便随时前去说媒。

冥婚的仪式并没有形成定例，有的人家将它当作丧事来办，有的人家则将其当作喜事来办。冥婚举行之日，男家高搭大棚，宴请亲友。喜房里供奉着神像，以及"新郎""新娘"的牌位。

那些富裕的人家的婚礼程序与聘娶婚大致相似，只不过大部分仪式象征性地在供桌上进行罢了。

冥婚仪式举行完之后，双方要选择一个"黄道吉日"，将"新娘"的棺柩从原墓中移出，迁到"新郎"的墓侧。至此，一个完整的冥婚仪式才算结束。结为冥婚后，双方家庭亲戚往来如同正常婚姻一样。而普通人家就顾不上那么多的讲究了，能找上个对门，两口棺材合葬在一起，他们也就心满意足了。

望门守寡

由此可见，冥婚是出于人们头脑中"灵魂不灭"的封建迷信思想，它的存在不是孤立的社会现象，而是种种迷信的集合。时至今日，这种陋俗仍在我国民间一些偏远乡村地区沿袭着。

以上这些特殊的婚姻形式，都是在特定的历史环境中，以及封建伦理道德观念的影响下形成的。今天，除了入赘婚之外，其他的婚姻形式大都被作为封建糟粕而剔除了，这是社会发展的必然。然而，这些特殊的婚姻形式，却又是古代婚俗文化不可缺少的一部分，也是研究古代社会文化的一个重要实据。

中国婚俗文化，便是由多种民俗事象组合在一起的"集合体"。在古代，多数朝代的婚姻礼仪都遵循"六礼"所制定的规范。然而，因为这种由官方制定的礼仪规范过于繁杂，所以即便是在当时上层社会人士的婚礼中，也不可能一一照办。

这种状况，不仅使我国各地婚俗自古以来即各有千秋，而且为一些婚俗的逐渐变革提供了较大的空间。

在中国民间，汉族的传统婚姻习俗主要由说媒、定亲、换帖、送彩礼、请期、过嫁妆、嫁娶、拜堂、闹房、回门等礼仪和程序组

民国时期，胶东农村地区婚礼的迎亲下轿仪式

成。其他民族的婚俗，或大同小异，或更加简单清新，或具有浓郁的地方与民族特色。这一切，使得中国民间的婚俗呈现出五彩缤纷、丰富异常的格局，较之古代单调的"六礼"，有着更加鲜明的生活与民俗特征。

第二章：媒妁之言，择偶求婚

◎父母之命主婚姻

旧时，我国民间男婚女嫁，自由恋爱者极少。婚姻的缔结，原则上由媒妁传言，再由父母决定，当事人对自己的婚姻往往没有直接表示意见的权利。《礼记·婚义》对婚姻的意义说得十分明白：婚姻仅仅在于"合二姓之好，

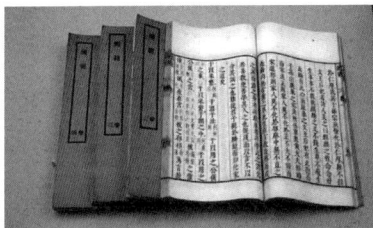

《闺范》，是封建社会用以约束女子日常行为的读本之一

上以事宗庙，下以继后世"。就是说，人们是为了祖先而结婚，为了传宗接代而结婚，抑或是为了某种政治和经济的依附而结婚。除此之外，再无别的目的。"父母之命，媒妁之言"，于是成为婚姻唯一的合法形式，在封建伦理道德意识支配下，中国大多数的婚姻必须遵从父母之命。这不只是家法家规的要求，也是整个社会习俗的规范，甚至是国家法律的约束。历代法律，都把父母或祖父母的意见作为择偶的前提，否则斥之为有伤风化。

封建礼教对妇女的束缚更为严重，《礼记》与汉朝的《女诫》中，都有对妇女德行、言行、仪容等规范原则的讨论。班昭提出女子要"弱如鼠"。唐朝的《女事》要求妇女"莫窥外壁，莫出外庭，

出必掩面"，尤其是到了婚龄的女性，更要幽居闺房，大门不出，二门不迈。在这种情况下，男女青年无法接触，择偶一事也就只好交给父母办了。

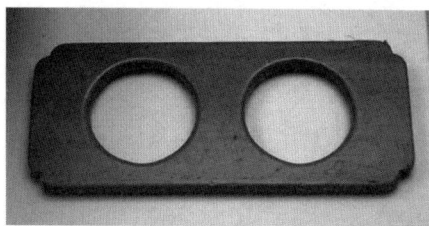

包办婚姻，指的是父母包办，所谓"媒妁之言"，媒人只不过是代为奔走说合而已。《诗经·南山》诗云："芝麻如之何？衡从其亩；娶妻如之何？必告父母。"就像种麻先要耕好田一样，娶妻必须先征得父母同意，经媒人说合才能成婚。因此，当事人是无法做主的。

旧时的婚姻制度，强调要有"主婚人"，即主持婚嫁及婚礼者。《大清律例集解》卷十注："男女结婚嫁娶，必有主张其事者，谓之主婚，由祖父、母为孙；父、母为子；伯叔、姑为侄；兄、姊为弟、妹；外祖父、母为外孙；此皆分重义尊，得以专制主婚，卑幼不得不从者也。"

由此可见，古代主婚的"父母"是广义的，不一定必须是父母。若无父母，其他尊亲长辈都可以主婚，比如祖父祖母、同宗叔伯、长兄及家族族长等。

二八佳人莲

"父母之命"，在古代的"赠与婚"中表现得最为典型。所谓"赠与婚"，就是将子女或者有权支配的女子赠给别人作配偶。据说，孔子把女儿嫁给公冶长做妻子，把侄女赠给南容做老婆。从汉代到唐代，汉族和少数民族的和亲也是赠与婚的一种。昭君出塞嫁单于、松赞干布娶唐文成公主、金城公主西嫁吐蕃王等都是和亲。和亲在客观上促进了民族间的文化交流，密切了相互间的关系，推动了少数民族经济、科技的发展。但是，这些和亲女子的命运是相当悲惨的。唐代诗人杜甫在《咏怀古迹》一诗中写道："一去紫台连朔漠，独留青冢向黄昏。"表达了作者对王昭君离开皇宫嫁到朔漠，死后只留坟茔对夕阳的悲悯之情。

早婚，是古代社会的一种婚俗习惯。在中国历史上，婚龄的规定随着社会条件的变化有所变动。在战争年代，法定婚龄偏小，如南北朝时期，北齐后主规定，女子在14岁到20岁之间必须出阁；北周武帝建德年间，强制15岁以上男子、13岁以上女子成亲。每经历一次大的战争，婚龄就相对被提前。西汉惠帝六年（公元前189年）规定，女子在15岁至30之间必须出嫁，否则多征税。唐太宗贞观元年（627年），法令强制男子20岁、女子15岁以上成亲。清政府规定，男子16岁、女子14岁，就达到了结婚年龄，可以自便。

这种早婚的现象，在统治阶层和缺少劳动力的贫穷百姓家庭中尤为流行。据《梁书·张缅传》和《周书·城冀传》记载，梁高祖第四个女儿富阳公主和北周高祖的女儿平原公主，都是11岁出嫁的。更早的还有6岁就结婚的，汉昭帝8岁继承皇位，娶"年甫六岁"的上官安女为皇后。清朝的帝后更是早婚的典型，顺治帝14岁大婚，康熙帝的婚事更早，在12岁时就完婚，雍正帝的孝圣皇后结婚时才13岁。帝后婚龄之早，表现了皇室、贵族、官僚等上层社会家庭婚龄的一般情况。

社会下层的不少家庭，也深受"传宗接代"思想的影响，大都认为"早生儿子早得济，早生闺女走亲戚"。因此，女子到了十五六岁，男子到了18岁，就已经

旧时，在父母的包办之下，很多孩子还未成年便举行了婚礼

普遍开始谈婚论嫁了。

"父母之命"，在权贵阶层，更多是为了保持门第的纯洁，维护本家族的利益；而在平民百姓中，更多是出于惜子爱女之心。父母在处理子女的婚姻问题时，首先考虑的自然是子女的温饱、家庭的利益，而绝不是抽象的爱情。所以，当子女有了意中人时，"父母之命"一般就与子女私情发生尖锐的对立，其结局大多以子女服从"父母"而告终。

◎媒人的由来与传说

我国自古以来就为婚礼制定了"六礼"，它对历代婚礼演变始终起着主导作用，成为封建制度下婚礼的模式，甚至对当代的婚姻习俗亦有较大的影响。

我国民间不同地区，由于在风俗习惯和生活方式等方面存在众多差异，各地的婚礼仪式也有很大差别，但基本是按照"六礼"的步骤进行的。

旧时，青年男女到了婚龄之后，父母就要把孩子的亲事提到议事日程上来，迫不及待地四处托亲友找媒人。

这对女子而言叫"找婆家"。我国北方民间曾流传过这样一句俗谣："女儿长到十七八，不成填房成穷家。"就是说，女子长到十七八岁还未定亲的话，就很难找到如意的婆家了，因此女孩家人生怕女儿错过豆蔻年华。

男方家人同样受此观念的影响，也想早给孩子说上媳妇，在议亲的过程中，一旦觅得中意的目标，即托人去提亲。

提亲，也叫"说亲""保亲""说媒"等，是古代"六礼"中的

旧时的婚姻离不开媒人牵线搭桥

在商代的甲骨文中，已经出现了与议婚有关的卜辞

第一个程序，即"纳采"。

那么，由谁来完成提亲的任务呢？是媒人，即介绍人。

旧时，男婚女嫁必须有媒人。媒人的牵线搭桥与"父母之命"，都是男女正式缔结婚姻关系必不可少的条件。这一古老的婚俗延续至今，并且还在我国大部分地区流行着。

媒人起源于何时，史料并无明确的记载。揆之情理，媒人应当是人类婚姻由群婚制向一夫一妻制演变后的产物。

在一夫一妻制产生之前，对婚恋人数应该没有严格限制，只要不违反血亲禁忌，双方婚恋是自由的。因此，作为中介的媒人没有存在的必然和可能性。真正需要媒人，是在一夫一妻制确立以后。这个时候，女性逐渐成为家庭的私有财产，丧失了她们原有的权利和自由。这样的男娶女嫁，的确需要有人从中做介绍。

夏、商时期的媒人并不被称为"媒"或"妁"，而是以"使"为媒。在殷墟出土的甲骨文中，多有使者议婚的卜辞，如"己口卜，使人妇伯""来妇使"等。前者大致是说，男方使者前往女方家，与其家族之长伯商议娶女之事；后者则为女方使者前来说合嫁女之事。

"媒"这个字，最早见于我国古代第一部诗歌总集《诗经》。《诗经·豳风》一诗中写道："伐柯如何，匪斧不克。娶妻如何，匪媒不得。"这几句诗的意思是：怎么砍伐斧子柄，没有斧子就砍不成。怎么迎娶那妻子？没有媒人取不成。

于是，"伐柯"就成了媒人的代称，而为人做媒说合，就叫"作伐"或"执柯"。

"媒人"一词，最早见于《古诗为焦仲卿妻作》，诗中有"阿母白媒人：'贫贱有此女，适时还家门'"的句子。从这些记载，我们

龙凤呈祥"囍"字

可以得出这样的结论：到了周代，男女婚配需要通过媒人说合，民间也出现了职业或半职业媒人。

周代以后，通过媒人缔结婚姻已经成为一种风俗，明媒正娶也已为广大民众所认可。没有媒人撮合的婚姻，会遭到道德、礼教及世俗的谴责与否定，被视为"大逆不道"。《礼记·曲礼》说："男女非有行媒，不相知名；非受币，不交不亲。"《孟子·滕文公》也说："不待父母之命，媒妁之言，钻穴隙相窥，逾墙相从，则父母国人皆贱之。"

由此可见，在古代婚姻中，媒人起着不可或缺的作用。

在我国民间，对于媒人还有"月老""红娘"之称谓。关于"月老"这个名称的由来，我国民间还流传着一个动人的故事：

相传，唐代有一位少年名叫韦固。一天，他外出郊游，当晚在城南一家客栈住下。韦固到后花园里散步时，发现一位鹤发童颜的老者正坐在月下看书。韦固感到很奇怪，连忙上前施礼，并问老者："老人家，您在看什么书呢？"

老人捻髯笑道："老朽正在看《婚牍》。"

韦固心里想，《婚牍》一定是记载人间婚姻的书。他又发现老人背上有一个鼓鼓囊囊的包裹，且闪着红光，便小心地询问道："您包裹里装着什么呢？"

老人微笑着说："红绳子也。"

韦固诧异地问："红绳子何用呢？"

老人从包裹里掏出一根红绳子，当空一晃，只见一道红光在韦固的脚下绕了一圈，然后朝北而去。随后，老人告诉韦固，此绳就是拴系夫妇缘分之绳。

韦固见自己的婚事已定，赶紧询问老者自己婚配何人。老人答曰："店北卖菜老妪之女也。"说完老人就不见了。

第二天，韦固早早便起床，梳洗打扮一番后，赶紧找到店北卖菜的老妪，特意询问起她的女儿，但他见到的却是一个蓬头垢面、面黄肌瘦、相貌丑陋的5岁女孩。韦固不禁火起，竟拔剑朝女孩刺去，划伤了女孩的额头。老妪高呼，韦固弃剑而逃。

又过了十来年，期间韦固当了兵，他英勇善战，受到刺史王泰的器重，王泰便把女儿许配给了他。这位刺史小姐的容貌尚佳，可就是眉间老粘着贴花。韦固感觉很奇怪，便询问原因。原来这位刺史小姐就是当年卖菜老妪的女儿，因家遭变故，被王刺史收养，当成亲生女儿一般看待。韦固如梦初醒，始知天命不可违。据说他们夫妻俩恩爱有加，子孙满堂，白头偕老至终。

于是民间就把"月下老人"奉为司婚之神来膜拜，并把保婚说媒的人称为"月老"。

月老的神话传说，对后世的婚俗影响很大。据说自宋代以后，婚礼上拜堂之后，新郎拉着新娘入洞房的"牵巾"，就是源于"拴红线"之说。

唐人卢肇撰写的《唐逸史》，记载了一则有趣的拴红线选新娘的故事：相传，当时的宰相看中了都督郭元振，想招他为婿，又苦于一时没有合适的媒人，于是他就让自己的五个女儿各自手拿一根红线坐在布幔子后面，将线头露在外面，让郭元振去牵，牵到哪位小姐就以谁为妻。结果郭元振牵中了美貌贤惠的三小姐，喜结良缘。

婚姻的好坏，将关系到一个人一生的幸福，而月下老人作为主管世间男女婚姻之神，自然备受人们的尊崇。因而在旧时，我国民间的许多地方都建有月老庙或月老祠，对月下老人进行祭祀，以求护佑。那些前去烧香的、许愿的怀春少女，或慕偶的年轻男子，经常是络绎不绝。

在旧时的传统婚姻中，这根

民间月老庙内供奉的月老神像

民间剪纸《西厢记》人物之红娘

40

维系了无数男女一生幸福的红线，既成为人们热切期盼的东西，又成为人们挣脱不掉的枷锁。不知道有多少人，在这个月老注定的婚姻面前扼腕不已，仰天长叹。

但是，不管怎么说，月老手中的红线，在旧时追求美满婚姻的男女眼里，毕竟是一种理想的寄托！

"红娘"这个别称，则是源于元代戏剧家王实甫创作的《西厢记》里的一个人物。红娘这个人物，在《西厢记》中是以一个婢女的身份出现的。她天真爽朗，聪明勇敢。

张生和相国小姐崔莺莺在普救寺里一见钟情，他们不顾封建势力的阻挠，挣脱礼教的束缚，以火一样的热情互相追求。红娘凭着自己的智慧和胆略，几经周折，终于促成了崔莺莺和张生的婚姻。该剧为历代戏剧家所青睐，久演不衰，至今有些唱段仍广泛流传。其原因虽然很多，但与观众普遍喜欢红娘这个人物不无关系。以至于后来，"红娘"成为被人们广泛认可的媒人之代称。

无论是哪一种别称，媒人在男女婚配中所扮演的角色都是极为重要的，在促成姻缘方面起到了积极的作用。

◎官媒私媒促成婚

在封建社会中，人们的婚姻状况不仅影响着出生人口质量和生产力的发展，也影响封建统治者的地位。家庭作为国家的细胞，和睦与否，将直接对社会产生影响，而婚姻状况又影响到家庭的幸福。

为了达到维护封建统治的目的，很多朝代的政府都设有官方的媒人。从现有的古文献来看，西周是最早设置官媒的朝代，《周礼·

地官·媒氏》云：“媒氏掌万民之判。”由相关典籍可知，“媒氏”就是当时政府设立的媒官。他们领取俸禄，执行相关的公务。其中的“判”，意同“办”，说明了媒氏掌握着使百姓合为夫妇的权力。

《周礼》有云：“凡男女自成名以上，皆书年月日名焉。令男三十而娶，女二十而嫁。凡娶判妻入子者皆书之。仲春之月，令会男女。于是时也，奔者不禁。若无故而不用令者，罚之。司男女之无夫者而会之。凡嫁子娶妻，入币纯帛，无过五两。禁迁葬者与嫁殇者。反男女之阴讼，听之于胜国之社，其附于刑者，归之于土。”这段记载说明，周代的官媒有三方面的职责：根据男女出生年月的文书，判定男女是否达到了规定的结婚年龄。如果发现他们到了可以成家的年纪，媒氏要敦促他们及时结婚。在督促男女婚配时，官媒还要照顾到成婚时节的选择。一般情况下，官媒会撮合男女尽量在“仲春之月”完成婚礼，还会组织青年男女集体“相亲”，帮助他们找到另一半。官媒还有监督执行彩礼数量规定的权力，同时还要管理婚姻诉讼案件，惩罚违法者。

到了春秋战国时期，“媒氏”机构进一步扩大，当时官媒的职责除了为年轻人安排嫁娶之外，还为鳏寡重新组织家庭，并分配给他们田宅。由此可见，古代官媒的职能，与今天的民政登记部门有些相同，但权力更大。对于那些“剩男”与“剩女”，官媒可以通过强制手段指定某女嫁某男、某男娶某女，实为一种分配婚姻，纯属“拉郎配”。

《晋书·武帝纪》记载，司马炎在泰始九年冬十月诏令：“制女年十七父母不嫁者，使长吏配之。”意思是说，女孩子到了17岁，如果父母不将闺女嫁出去，地方官府就要找个“剩男”，强迫其出嫁。

唐代文成公主远赴西藏和亲，应当是最高级别官媒的决定吧

官媒发展到了宋代，有了等级的划分，据宋代文人孟元老撰写的《东京梦华录》记载："其媒人有数等，上等戴盖头，着紫背子，说官亲宫院恩泽；中等戴冠子，黄包髻背子，或只系裙手，把青凉伞，皆两人同行。"这种等级，不仅反映在说媒的对象上，还反映在穿着服饰、人数等方面。有专门的服务对象，并以特有的服饰作为等级之标志，这是媒人高度职业化的最明显的特征。

元朝也有被称为"媒互人"的官媒。另外，历代为囚犯和奴婢择偶的也都是官媒。以清代为例，国家将大批囚犯流放到西北边陲，称为"遣户"。户中男女，只能在"遣户"间自相婚配。由于未婚男女的数目不对等，性别比例很不平衡，争婚案件不断发生，官府称之为"雀角鼠牙之讼"。为了平息争讼，清政府特"立媒官两人司其事，非官媒所指配，不得私相嫁娶"。

官媒的油水很足，"剩男"们争着给他们送"聘金"。如果不主动送，官媒甚至直接主动向"剩男"索红包。有意思的是，为了防止男女绕过官媒私下来往，玩私奔，官媒常在晚上"查墙子"。所谓"查墙子"，就是在小巷子、旮旯等方便男女私会的地方巡查。如果发现有私会的现象，官媒往往会将其赶走，甚至罚款。

自宋代起，随着封建城市经济的发展，以及市民阶层的不断增加，媒人群体的构成变得日益多样化和丰富化，官媒的地位日趋下降，私媒的群体开始壮大。民间百姓的婚姻，大都由私媒撮合，私媒成为媒妁的主要形式。

做媒是成人之美的好事情，所以上至帝王下至草民都可以为私媒。私媒的身份很复杂，有的名门宅府婚事的媒人竟然是自家的听差或仆人。这些人虽然生活在底层，但深知名门望族的底细，有的虽然与对方的主人说不上话，但与对方的听差、仆人却是"莫逆之交"。这样就可以通过仆人之间的关系，达到某种穿针引线的效果。等到

清人绘的光绪皇帝《大婚图》(局部)

清代的官媒在"查墙子"

两家联姻的"议案"趋于成熟时，两家再各自请出"有头有脸"的至亲充当媒证，以求名正言顺。这时，作为原媒的仆人即退居幕后。

过去，一档子婚事，有一位媒人的，谓之"单媒"；有两位媒人的，谓之"双媒"。一般来说，与男家关系较密切的为"男媒"，与女家关系较密切的为"女媒"。大抵各自代表一方参与议婚。但是，全部议婚活动均是在双方媒人与双方家长之间进行，通常是背着结婚人的。结婚人不能参加议婚，因为他（她）们对自己的婚事没有发言权，一切要听"父母之命，媒妁之言"，所以谓之"包办婚姻"。

有的则是男方的父母看上了某家的闺秀，便请出与女家有交往的老亲、老友去向女家求亲。当然，这种情况总是以男方主动提出的为多。

如果女方向男方求亲，则谓之"倒提亲"。出现此种情况，一般是男方的条件优于女方。若一旦男方拒绝，女方不仅脸面无光，还惹人耻笑。若婚事有成，婚后小两口一旦发生口角或不合，男方则以"倒提亲"来揭挑女方。因此，如遇女方主动向男方求亲之意，女方托媒往往是隐秘的，让媒人去提亲时，不暴露女方的意图。男方如果同意，媒人便转换身份，代表男方向女方求婚，以保全女方家的颜面。如果女方向男方求亲，则婚事非常容易成功，所以民间才会有"男求女，隔重山；女求男，隔层纱"之说。

亲友为媒有着得天独厚的条件，他们不仅对男女双方的家庭

绣"囍"字荷包

条件和当事者都比较熟悉，有时还可以代表男女双方的意愿。这种形式，也避免了"媒妁之言"带来的欺瞒和哄骗。

这些全都是为了成人之美而不计报酬的临时媒人，在我国传统婚姻中所占的比例很大。时至今日，在男女婚姻当中，这种由临时媒人穿针引线撮合而成的姻缘仍占有相当大的比例。

此外，民间还有一种以给人说媒拉纤为职业的中年妇女，俗称"媒婆"。她们是议婚中最活跃的角色。

这些人平日都打扮得干净利落，不招人厌烦，而且一个个都巧舌利齿，能言会道，见什么人说什么样的话。同时，她们由于职业上的需求，对民间有关婚姻方面的风俗、礼教、信仰、禁忌等，掌握得非常全面。

她们大都一边从事其他职业，一边为他人做媒牵线。从事其他职业，使得她们有机会走家串户，了解各家情况，哪家有娶媳嫁女的需要，她们都了如指掌，因此为别人做媒也就极为方便。这种类型的媒婆，在明、清时期的小说中多有描述。如明代小说家冯梦龙撰写的《醒世恒言》第十四卷《闹樊楼多情周胜仙》中的王婆，就是这一类型的媒婆。王婆既替人接生，又帮别人做针线，同时还会治病。这样，她就有很多机会接近各家的女眷。因为从事接生这一职业，她知道各家小孩的生辰，从而便于做媒。王婆是私媒中的一个具有代表性的人物。

她们了解每家已到结婚年龄的男女。王家的儿子多大了，赵家的女儿长什么样，她心里都非常清楚。她认为哪两家门当户对，郎才女貌，便从中穿针引线。

媒婆为人说媒，事成之后，必然会收到男女双方家人的谢礼。利

以说媒拉纤为职业的媒婆

之所趋，因此有众多媒人从事这个职业。例如，旧时淮北一带的婚俗是，凡提亲、求庚、合婚、放定、行聘、择吉、上轿、进门等程序，均需媒人作为媒介来进行，男女两家都要摆酒谢媒，媒人喝酒八次，婚姻才告成，故民间有"媒八嘴"之称。如果婚后家庭和睦，连生贵子，那么媒人就会不断收到赏钱。

当然，媒婆撮合成一桩婚事，的确也不是一件容易事。她不仅要了解双方家庭的情况，力求提亲时做到"男女般配"和"门当户对"，期间还要尽可能地从中斡旋协调，使双方充分认识到对方的长处和优点，从而达到男娶女嫁、花好月圆的目的。

媒婆在做媒期间，还要时时担着心事，总怕半道出个差错而搅黄了亲事。只有男女结了婚，媒婆才能喘口气放下心来。这就是民间百姓常说的："媳妇上了炕，媒婆靠南墙。"

媒人尽管得到"成人之美"的赞誉，但是由于昏聩而乱点鸳鸯谱的事情也经常发生。说成一桩媒，媒人从中可以得到一些钱财，被称之为"谢媒礼"。职业媒婆甚至以此为生。因而，不管是职业还是半职业媒婆，她们往往把眼睛牢牢盯在谢媒钱上。

为了钱，她们在撮合婚姻时，必定使出浑身的解数，千方百计，不惜连哄带骗进行说合。很多小说、戏剧中写到媒婆时，几乎不约而同地写到她们这个特点。

宋代有这样一个笑话：两位员外，一家的女儿是豁嘴，一家的儿子是跛脚。媒婆到男家夸女子的美貌，到女家夸男儿的威武。两位员外生怕受骗，都要求让这对男女见见面。

见面这天，媒婆让姑娘手拿鲜花遮住嘴唇，让未来的新郎骑马代步，掩护跛脚。相见时远远一望，双方都很满意。到了洞房花烛夜，双方才知道受了媒婆的骗。从这则

在民间艺术作品里面，媒婆的形象总是多少有点被丑化

笑话，足见媒婆的不择手段了。

在明代小说家冯梦龙撰写的《警世通言》里面有这样一个故事：张员外是一个年过六旬的糟老头子，可是他却一直怀着一个"老牛吃嫩草"的梦。他发誓娶一个人才出众，且至少有十万贯房奁的少妻。这看起来不是做白日梦吗？可是，张媒婆、李媒婆贪图他的几贯谢媒钱，却昧着良心把他的年纪瞒去了20岁，竟然帮他圆了这场春梦。只可怜那个娇嫩艳冶的小妇人，一看见员外的皓白须眉，便不由得簌簌落下泪来。但生米已经煮成熟饭，再悔恨又有什么用呢？

针对那些无良的媒婆，有一首民歌对她们进行了尖刻辛辣的讽刺：

> 媒婆几张脸，心狠嘴巴甜。
> 不方要说方，不圆要说圆。
> 东家去骗吃，西家去骗穿。
> 夸男像金童，夸女像天仙。
> 好看不好看，出在她舌尖。
> 只要门一过，她的事就完。
> 只图自己腰包满，哪管他人冤魂升天不升天？

这首民歌，将那些巧舌如簧、骗人钱财的无良媒婆的形象刻画得淋漓尽致。直至现代，人们在生活中形容某些人"花言巧语、说话不靠谱"时，仍会讽其"长了一张媒婆嘴，能把死人说活"。

尽管世人对媒人褒贬不一，但不得不承认，在那个"男女大防""男女授受不亲"的封建时代里，媒人在男女双方之间起到了"桥梁"和"纽带"的作用，促成了很多美满幸福的婚姻。

◎媒人的"三板斧"

"媒人好口才，死人说活来""媒人的口，没量斗""新娘长得美不美，全凭媒人一张嘴"……类似的俗语，在我国民间不胜枚举。在人们的心目中，媒人的第一个显著特征，就是伶牙俐齿。

媒人处于男女双方的父母之间、当事人男女之间，成为协调男

媒婆做媒

女双方及其"父母之命"之间各种矛盾的唯一撮合人。从为男女双方牵线搭桥之日起,媒人就要经常往来于男女两家之间,交流情况,传达彼此的愿望和要求,尽可能隐恶扬善,使双方充分认识到对方的长处,从而乐于达成嫁娶的协议。

媒人在具备无人能及的口才之外,在撮合两家结成婚姻时,最常使用的"三板斧",就是"门当户对""亲上加亲"和"郎才女貌"。

所谓"门当户对",就是指缔结婚姻的两个家族或家庭应该有相等或大致相同的社会地位。门第观念,在很长一段时间内都是左右婚配的一条重要原则。

这不仅是封建时代男女双方父母安排和确定儿女婚姻大事的依据,也是"媒妁之言"广为谈论的重要话题,是媒人撮合男女双方联姻的"法宝"。

之所以如此,是因为中国封建社会制度的核心和实质是宗法制、等级制和集权制的结合与统一。社会结构的一个重要特征,即按照不同的经济势力和政治地位划分不同的等级。各个等级之间相隔着一条不可逾越的鸿沟,社会交往互相不得越雷池半步,婚姻关系的缔结更是如此。

统治阶级为了巩固自己的政治权利,平民百姓为了自己的家世利益,社会上下都以门当户对作为婚姻的基本条件,媒人们也就将门当户对当成了自己游说的依据。

门当户对婚姻,最初出现在西周时期。西周统治者为了保证血统的"高贵",对通婚范围有着严格的限制。天子家庭只能与诸侯国王族通婚。诸侯国王族婚姻,也只能在不同姓的诸侯王族中间进行。诸侯国与诸侯国之间还有大小之分,小国一般是不能与大国婚配的。

门当户对,双拜花烛

齐僖公曾想将女儿嫁给郑国太子忽,忽却坚决推辞,不敢接受。有人问其缘故,忽说:婚姻是讲究门当户对的,齐国大,郑国小,这门婚事我是万万不敢高攀的。嫁娶等级之严,由此可见一斑。

战国之后天下大乱,虽然森严的宗法等级制度遭到了严重的冲击,但是择偶观念却跨越了社会形态的变革,延续了下来。

魏晋南北朝时期,曹魏推行了"九品中正制",按照门第选材任官,形成了"上品无寒门,下品无士族"的局面。在这种局面下,婚姻习俗中的门第观念到了极盛时期,地主阶级被严格划分为士族和庶族两大阶层。士庶不婚虽然没有在法律上得到体现,但是却成为了约定俗成的风俗习惯。另外,士族内部也存在着高低贵贱的区别,上等士族不会轻易降低身价同下等庶族通婚。

名门大姓的士族自视血统高贵,不肯与庶族通婚,而一些没有名望的庶族也自视甚卑,把与高门大姓攀亲视为无上光荣,往往不惜多纳聘金,采用各种手段与名门士族攀亲。唐代史学家李延寿编纂的《北史·封述传》记载了这样一件事情:济州刺史封述为儿子娶名门李氏之女,不惜"大输财聘",及至儿媳过门,还欠大量聘礼。封述打碎神像赌咒,发誓要还清聘金之数。封述的另一个儿子因娶名门卢氏女,已送聘金骡马很多,又送土地古玩。对方仍嫌不足,以致诉讼公堂。可以说为娶名门士族女,不惜倾家荡产。一些出身庶族的大官僚,即使娶到名门士族罪犯的妻女,也会引以为荣。由此可见,门第在联姻中曾被重视到了何等地步。

隋唐时期,士庶不婚的禁忌不如南北朝时期严格,但是也比较明显。士族地主的黄金时代已经过去了,很多士主家族甚至出现了

卖婚现象，其中，不乏以子女终身大事作为攀龙附凤、谋取钱财的父母。

唐朝洛阳城女子步非烟，才貌双全，依照父母之命嫁给河南府曹参武公业为妻。此人性情耿直，粗犷暴烈，只晓得舞刀弄斧，步非烟的才情到了他这里完全是对牛弹琴。尽管他对步非烟宠爱有加，她还是红杏出墙，后来事情败露，被武公业活活鞭打致死。由此可见，这种制度仍存在许多弊端。

隋唐以后，虽然没有士庶不婚的禁令，但是也存在着士农不婚、士商不婚、官民不婚的俗规。这些婚姻限制并不是法律上的要求，而是作为法律的补充，形成了一种风俗习惯，从而维护了封建阶级统治。

封建社会把娼妓、优伶都列入下贱的行业，严禁官吏娶娼妓和优伶，如元代规定："诸职官娶娼为妻者，笞五十七，解职离之。"明清时期，户律规定："文武官吏娶乐人妓者杖六十，离异归宗，财礼入官。"所以，旧社会民间谁要是纳娼为妻或与唱戏的通婚，生前不能入祠堂祭祖，死后更不能入祖坟归宗。至于明、清时的"驱口""丐户""乐户""惰民"等均被归入"贱民"行业，不能与良家子女通婚，只能在"贱民"内部通婚。这种规定，既有阶级门第观念的因素，又有"血统"观念的因素。

至于民间平民百姓子女的婚姻缔结，起决定作用的是家世的利益。在家世利益之中，首要的即为双方家庭经济状况是否相等。因此，自汉代以来，富裕之家多不愿将女儿嫁给贫困人家，而一般殷实之家也不愿意娶贫家女子为妻。俗话说"官配官，员配员，苦子配篙荐"，反映的就是旧时有门第观念的社会背景。男女双方本人的条件自然也要相配，如果双方差距过大，最后媒又没有说成，人们就会

传统戏曲《铡美案》，讲述的是负心汉陈世美因地位改变而抛弃妻子的故事。这也是门第观念作祟的一个体现

嘲讽条件差的一方：如果女高男低，说那是"癞蛤蟆想吃天鹅肉"；如果男高女低，则说是"土鹌鹑想攀梧桐枝"。即使媒说成了，成婚后条件差的一方也往往会被瞧不起，出现婚姻不和谐，甚至两个家庭互相不满和激烈对立的情况。

门当户对的婚姻观，使得社会上出现了很多封闭性的婚姻圈。再加上古代经济条件和交通条件的限制，不同的群体被隔绝，远距离的联姻很难实现。这样导致的直接后果，就是整个社会变得更加封闭。

门第观念也使得无数真心相爱，却不属于同一阶层的男女不能成为眷属。因此，民间出现了许多抨击封建等级门第观，赞扬坚贞纯洁爱情的神话故事，如《牛郎织女》《七仙女下凡》等，就是其中的代表作品。这些作品表达了人们对跨越门第观念的美好婚姻的向往和追求。

现代，人们对门当户对仍有讲究，但不像旧时那样过分，而且逐渐演变成讲究男女双方相类似的受教育程度和相接近的品位志趣等方面，而对于家庭情况的关注，已经相当淡化了。

在男女婚姻缔结的过程中，

牛郎与织女的传说，其实就是古人对森严门第婚姻观念的一种反抗

媒人所挥舞的第二把板斧，便是"亲上加亲"。在旧时，亲上加亲，是人们所宣扬的最为理想的婚姻，为汉族与少数民族通行的婚俗，流行于全国广大地区。

古代中国，一般家庭都讲究"肥水不流外人田"，就是说不愿意让非亲非故的人分享其家庭利益。反映到婚姻上，这就使得近亲结婚成为现实并广泛存在。

在众多先秦文献中，舅姑即为公婆，如《礼记》云："妇顺者，顺于舅姑，和于室""妇将有事，大小必请于舅姑"。在此，

古典名著《红楼梦》，对姻亲现象做了极为生动的描写

"妇"所指为儿媳，而"舅姑"即为公婆。这种语言文字的混淆现象，也说明姑舅表婚是比较盛行的一种婚姻形式。

封建时代的法律虽然曾明文禁止同姓为婚，但是表亲婚姻一直没有受到法律的太大限制，表兄弟姐妹之间结成婚姻的风俗广为流行。因此，表亲婚也成为媒人大加张罗的重点之一。

在明清时期，表亲婚普遍盛行，以至出现了类似《红楼梦》中四大家族姻亲代代相传的现象。面对如此盛行的表亲婚，连威严的《大清律例》也不得不宣布："姑舅两姨姊妹为婚者，应从民便。"

表亲婚的盛行，与媒人极力鼓吹"亲上加亲"，不能不说没有一定的关系。这种落后的血缘近亲婚姻，容易导致后代出现生理缺陷或身体素质低下的不利情况，因此，在中华人民共和国成立后，新颁布的《婚姻法》明令禁止，规定"三代以内的旁系血亲"禁止结婚。同时，社会各界也广泛宣传优生优育知识，反对近亲联姻。如今，表亲婚者极少见了。

旧时，为了撮合男女婚姻，媒人所挥舞的第三把板斧，便是与"门当户对"相联系，并作为其辅助的"郎才女貌"。

所谓郎才女貌的婚配，就是把男女双方的德才品貌作为衡量二人是否适合缔结婚姻的重要尺度和标准。通常情况是，男方选择婚姻配偶时，较为在意女子的品性和容貌。

虽然按照礼教原则，娶妻应以德为先，而事实上，男子本人多半首重女子的容貌。先秦著作《尹文

窈窕淑女，君子好逑

心怀雄才大略的诸葛亮却不以容貌的美丑来择妻,实属可贵

子·人道》中记载了先秦时代的一段轶事:齐国黄公有两个女儿,都是天姿国色,而黄公却生性谦虚,总说自己女儿容貌丑陋。结果,两个女儿过了出嫁的年龄,仍然没有人肯聘娶。由此可见,女子的容貌是何等重要。

唐朝士子崇尚风流,更不避讳对于美色的追求。曾创作出千古名篇《登黄鹤楼》的才子崔颢,娶妻只选美者,以至前后换了三四任妻子。

上流阶层的女子择夫,主要是看重男方的前程与才干。古代对男子"才"的判断,主要是看其在官场上的表现,能否加官晋爵、仕途得意、飞黄腾达,或者看其是否武艺高强,因为有时女方择婿也会选择比武招亲的方式。

如汉高祖刘邦发迹时,只是一个贫穷无赖。吕雉的父亲却看中他的贵相,执意要将女儿嫁给他。汉代丞相陈平青年时家境贫寒,富豪张负却认为他仪表不凡,不会久居人下,便将孙女嫁给了他。

在普通百姓阶层,对男子"才"的评价标准,主要是看他的生产技能是否过关。被视为有"才"的人,或善于农业耕种和生产,或善于木匠、瓦匠等手工技艺,或善于经营,等等。如果男子有"才",女方家人就会更加放心地把自己的女儿嫁给他,这样,即使以后不能飞黄腾达,也能避免婚后忍饥挨饿。

对于那些在漫长封建社会中渴望幸福的女子来说,千百年来,她们几乎都做着千篇一律的美梦:郎才女貌、夫贵妻荣。

于是,媒人也在这样的社会氛围中,一代又一代挥舞着"郎才女貌"的板斧,去诱惑那些背负着"父母之命"的青年男女们跳进那婚配的"陷阱"。

媒人经常使用"郎才女貌"的说教,其实是社会上男尊女卑制

鸳鸯戏莲

度的缩影。在男权的社会里，女人是男人的从属品，她们不需要有什么才华，只需要长一副俊俏的脸蛋，能够装饰门面，能带给男子欢娱就够了。因此，人们才会说"女子无才便是德"。也正因为如此，封建礼教才会把"妇容"作为"四德"之一，媒人也才能够在"郎才女貌"上大做文章，把一对对男女推向无爱的婚姻。

◎古人相亲两不识

在旧时的婚俗中，也有相亲这一环节。但所谓的"相亲"，与现代有着天壤之别。今天，已步入婚姻或正在热恋的男女，大概都有过相亲的经历。到了婚龄的青年男女，经过媒人或婚介所的撮合，相互见面私聊，彼此之间如果产生了好感，便可以建立起联系，经常见面。经过一段时间的相处，感情加深，便可以相携走进婚姻的殿堂。

古代相亲，只不过是男女双方家长的一个话题罢了

现在的相亲，其实是自由恋爱的一种特殊的开端，虽然也会有父母的参与，但意愿最终还是由子女们来决定。因此，这样的相亲才有其实际意义。

旧时的婚姻往往是由父母一手包办的，青年男女抱着"男女授受不亲"的封建思想，所以相亲只是一种形式而已。大多数新人的第一面，竟然是在洞房里面，彼此是否有感觉已经没有多大意义，因为生米已经煮成熟饭。那些因为不满婚配而私奔的才子佳人的风流韵事，只存在于文人编撰的故事里面。对于新婚男女来说，尤其是

新人初识在洞房，是古代婚姻中再平常不过的现象了

地位低下的女人来讲，只能抱着"嫁鸡随鸡，嫁狗随狗"的信条，接受命运的安排了。

从洞房开始认识，在婚后建立感情，这是古代大多数婚姻的真实状况。如若哪一个人违背了父母的意愿，就会被贴上"大逆不道"的标签，成为别人眼中的"异类"。

当然，从父母长辈的角度来讲，他们也是希望自己的子女能够拥有一桩美好的姻缘。除了那些家境贫困，却又迫于传宗接代的家庭，父母对子女婚姻的选择也是比较慎重的。在决定一门婚姻的时候，他们也要经过相亲和多方打听之后，才能做出最终的决定。但由于没有当事人的参与，他们这种一手包办的做法，往往是好心办了"窝心事"。

虽然在议婚的时候，双方都了解了对方家庭的基本情况，但是古代女子一般都是"生在深闺未人识"，是俊是丑还不得知。父母为了让儿子的婚事更加吉利和适宜，也是害怕对方相貌丑陋或身有残疾，所以在订婚之前还会前去相亲。女方也担心公婆的为人不好而受气，也需要对男方的家庭有更深一步的了解，所以相亲的形式就诞生了。

古人相亲很保守，不像现代人这样开放，当事人直接接触。男方多由婶婶、姑母等长辈或平辈的嫂子、出嫁的姐姐等代表，到女方家实地看一看姑娘的长相和人品。当然，也有母亲直接出面的。

相亲的日子一般由媒人事前定好，双方都好有些准备。女方打扫庭院，准备好迎接客人。男方要准备礼物，不在乎有多贵重，但要投其所好，不能触犯女方禁忌。

女方家长一般都会让女儿出来露露面，如给客人倒茶、送点心啥的，男方家人趁机打量一下女子的容貌、身材、举止等。在有些地方，还有看女子手掌的习俗。相亲时的观手相不像算命那样考究、

被黑心媒婆骗嫁给老新郎的小夫人，只能以泪洗面，听天由命了

玄乎，通常只是根据女子手掌的软硬和皮肤的粗细来判断她是否有福气。手掌柔软、皮肤细嫩的就是好相，而骨骼突出、肌肉僵硬、皮肤粗糙就是没有福气的恶相。一般这种暗相不事张扬，即使男方看不中，也不至于给女方造成不好的影响。

据北宋孟元老《东京梦华录》记载：相亲时，男方的亲人到女方家，如果看中了，就送一支钗子插在女孩的头上，叫做"插钗子"；如果不中意，就会留下一两块彩缎，给女方压惊，这亲事也就算了。

仅仅男方相中了女方，那还不行。女儿的终身要托付给哪个家庭、哪个男人，关系到女儿一生的幸福，因此马虎不得。女方往往也会设法进一步了解男方的家庭情况。在北方许多地区，曾流行"相女婿"的习俗，一般是在女方的父母了解了未来姑爷的身世德才之后，在媒人的陪同下，到约定的地点去相看男方的身体及长相。相姑爷的方式有许多种，但总的来说，可分为"明相"与"暗相"。

"明相"时，多在家中会见姑爷，甚至举行酒宴。相见时，媒人可予以正面介绍，老丈人等可以正面询问情况。"暗相"时，小户人家往往约在某庙会或市集上，大户人家则多约定于茶铺、戏院等处，以游览、娱乐等形式与姑爷会面，但并不惊动对方。当然，在"相女婿"的整个过程中，男女当事人并不会见面。

父母来相亲，无非看看对方的容貌是否端庄，身体有无残疾等外部条件，至于性情如何，将来的儿女能否产生感情，多无法了解。因此，这样的相亲也无非是多走一个形式而已。

如果媒人图了男方的钱，有时还会故意安排造假现场。有些穷苦人家还造假粮囤、借棉被和用具等，甚至有些有生理缺陷的男子还找人做替身。这种荒诞的现象，直到20世纪六七十年代还有。被

无论古今，"相敬如宾，白头偕老"都是对婚姻生活最美好的诠释

相家留下吃饭，若女方不推辞，说明十有八九媒成。

现代，由父母包办相亲的情况已经成为历史。有些青年男女经人介绍之后，可以直接见面。还有的青年男女经过长期的自由恋爱，在基本确定了婚姻关系之后，方才告知蒙在鼓里的父母。

古老的相亲习俗，如今在意义上早已发生了巨大的改变。现代的相亲，是为了给青年男女提供更多接触与认识的机会，同时也是他们追求幸福婚姻的一个美好的开端。

第三章：问卜合婚，定亲请期

◎"八字"不配，婚姻难成

旧时的婚嫁习俗，一直受到封建礼教和神权观念的制约，往往带有极为浓厚的迷信色彩。男女双方经过相亲与探查之后，如果双方的家长没有异议，大体就可以定夺下来。接下来就进入第二礼——问名。

通常做法是，媒人带上礼品和男方的"庚帖"（上书生辰八字）来到女方家。女方父母收到男方的礼品与庚帖之后，将所议之女的庚帖交给媒人，再由媒人带给男方。这一礼仪称为"换庚帖"，也有的地方称为"写红帖"。

两家得到对方的"八字"以后，先把它压在神佛塑像面前的香炉底下，没有神佛塑像的人家就压在灶王爷的香炉底下。三天后，家中如果平安无事，就是说没有人生病、失窃、火灾或打碎器皿等不快意的事情发生，这个"八字"才有被拿去合婚的希望。如果"八字"一进门，家里就有人生病，或者遭窃，那么过了三

合婚之前，很多人家都会先请神卜算一下

天，"八字"就会被退给对方。

一般来说，"问名"的目的有两个：一是防止同姓近亲结婚；二是得来对方的生辰八字，占卜当事人的婚姻是否合天意。当然，最主要的目的还是后者，预测这桩婚姻是否会幸福美满。

合婚，即古代婚俗"六礼"中的"纳吉"，在民间俗称"合八字"或"合庚"。在中国古代婚姻中，合婚的习俗由来已久。这一习俗不仅遍及全国各地，而且方式各有不同。

周朝时，人们已经将卜筮决定婚姻定为"六礼"之一。"问名"之后，卜于家庙，然后视吉、凶而定取舍。

《诗经·卫风·氓》一诗中有"尔卜尔筮，体无咎言"的句子。意思是说，你已经用龟甲蓍草卜卦了，没有不吉利的征兆。这也反映了当时男女在订婚前都要行"问名"之礼，并将两人的生辰年月卜卦，如果有凶兆就不能订婚。

卜婚的习俗沿袭到唐代时，演变成为"合婚"。在古人的婚姻中，合婚非常重要，因为在古人的观念中，它不仅会影响到夫妻的幸福，而且还会影响到整个家庭的幸福。如果女人的八字"克夫"，结婚后丈夫就难免一死；反之，如果男人的八字"克妻"，结婚后妻子也难免一死。女人的八字如果犯了"扫把星"，结婚后便会使丈夫家里不断发生乱子。

旧时的包办婚姻,都要经过合八字这道程序

合婚，需要请算命先生来推算。旧时，在那些算命人的家门口，常常立着一个大招牌，上书四个大字："合婚择吉"。

合婚对生克有着很深的忌讳。生克忌讳，就是命相先生根据人的生日所值的干支来推断其命运，也称"五行八字"。"八字"，就

是把一个人的出生年、月、日、时，与天干地支相匹配，四项共得八字，每个字又分属金、木、水、火、土，即"五行"之一项。古代人总是中意于男女的五行相生和八字相谐，这预示着婚姻幸福，会带来夫贵妻荣、子孙和睦、家业兴旺。反之，五行相克就预示着婚姻不幸福。

命相先生根据生辰八字的五行生克，来测算是"上等婚"还是"下等婚"较为复杂。但是，当年的老皇历上，均刊有命理学家早已为之推算好了的"五行表"，可以一目了然。例如：甲子、乙丑年生人，其命相为"海中金"；丙寅、丁卯年生人，其命相为"炉中火"；戊辰、己巳年生人，其命相为"大林木"；庚午、辛未年生人，其命相为"路旁土"等。出生于其他干支纪年者亦各有不同的命相。

根据上述"五行表"，查出结婚男、女双方的命相之后，再依下例"五行相生、相克"的说法进行核查。

五行相生者，即：木生火；火生土；土生金；金生水；水生木。此两者相生的，谓之"命相相合"。

五行相克者，即：水克火；火克金；金克木；木克土；土克水。如果两者"命相相克"，即为婚姻不合。

比如《红楼梦》里"叹人间美中不足今方信"的遗憾，就与此有关。

八卦图

贾宝玉命相为土，林黛玉命相为木，木克土，而土生金，故只能是"金玉良缘"，而不能是"木石前盟"了。

男女双方的八字中都包含着这五行，其中谁克谁，谁生谁，一般人是不知道其中奥妙的。如果一方想促成这门亲事，只要多给命相先生送些卦金，他也就灶王爷上天"好话多说"，下等婚也能合成上等婚。若是下等婚，这门亲事就吹了；如果是中、上等婚，就认为是"天作之合"，婚事才可以继续下去。

旧时，大部分人相信命运是"前生注定"的，但是又企图最大限度地自己把握命运，所以希望通过合婚来了解男女双方的结合，

能否符合双方家族的共同利益。因此，这也导致许多好姻缘，被所谓的"命相"无情地拆散了。

其实，这种合八字的办法完全是一种宿命论的推衍，是毫无科学道理的。现代，已经很少有人再信这一套了。

◎生肖属相害死人

旧俗合婚，还有属相的禁忌。属相，又叫"十二生肖"。古人把地支12个字，每一个字用一种动物代表，即子鼠、丑牛、寅虎、卯兔、辰龙、巳蛇、午马、未羊、申猴、酉鸡、戌狗、亥猪。

以动物纪年，最早见于东汉王充的《论衡》。不知道何时，巫师、方士们把它们和五行相生、相克联系了起来。相生的属相是：玉兔配黄狗，马羊寿命久；鼠牛两兴旺，猪蛇子孙昌；龙鸡自古有，虎猴庆白首。相克的属相是：白马怕青牛，羊鼠一旦休；虎蛇如刀错，龙兔泪交流；金鸡怕玉犬，猪猴不到头。

唐代八卦十二生肖铭文青铜方镜

如果男女双方的命相、属相都合，就是所谓的"大相不犯"，婚事才能初步定下来。如果男女的属相不合，则这门婚事就告吹了。

在合婚中，当时有"南方忌虎，北方忌羊"的习俗。南方人为什么忌惮虎这个属相呢？

这是因为虎性情凶猛，能够伤人。由于老虎总是在夜间出来觅食，所以对夜间出生的属虎女子，忌之尤甚。民间还把她们分为"上山虎"和"下山虎"，前半夜出生的叫"上山虎"，后半夜出生的叫"下山虎"。"上山虎"还有一定回旋的余地，"下山虎"是万万不能娶进家门的，因为"下山虎"是下山觅食，饥肠辘辘，一定害人；而"上山虎"则是觅食回来的，或许它已经吃饱了，不再害人了。

南方人忌惮虎这个属相，是因为其生性凶猛。那么羊的性情极

为温驯，北方人为何会忌惮这个属相呢？

原来，古人认为羊"眼露四白"，是犯大忌的。俗云："眼露四白，五夫守宅。"硬说属羊的女人必克死丈夫而后寡居。

正因如此，在旧时，多数人家都不愿在虎年或羊年生女儿。但在科学不发达的过去，人们还是不可避免地在这样的年份生儿育女。

那么，属虎和属羊的女子怎么出嫁呢？

生肖不和，亲难成

在当时，父母会把她们的年龄多报一岁或少报一岁。上半年出生的，虎报成牛，羊报成马；下半年出生的，虎报成兔，羊报成猴。这种情形，跟女子因八字不佳而有意伪造生辰年月日的道理一样，也是为了能改变一下自己不好的"命运"。

这种现象，正应了这样一句俗谚："女命无真，男命无假。"在男权社会里，男子主宰一切，当然不怕公开自己的"真命"了。女子无力做别的反抗，编造一个不受忌讳的"假命"，也是没有办法的办法。

旧时，不仅结婚受属相的摆布，一些人甚至一生都受它的摆布，尤其是那些最高统治者。宋徽宗赵佶是属狗的，下诏禁止天下杀狗。元仁宗爱育黎拔力八达是属鸡的，禁止人们在大都城内倒提着鸡走，无论死鸡还是活鸡都必须抱着。明武宗朱厚照属猪，他下诏天下不许杀猪，从而导致民间无人养猪，猪几乎绝种。慈禧太后是属羊的，官员中属虎的倒了霉，特别是属虎的太监，都被她驱逐出宫。颐和园附近的六郎庄，因"郎"与"狼"谐音，她怕狼吃了她这只羊，就将六郎庄改名为"太平庄"。这些做法现在看来，真是滑天下之大稽。

除了八字与属相的忌讳，有些地方婚俗中对男女年龄也有忌讳。比如忌男女年龄相差三、六、九岁，以为会犯刑、冲、克、害，于婚姻不利。也有忌讳男女双方同年生的，尤其忌同年同月生，如河南民间曾有俗谚云："同岁不同月，同月子宫缺。"意思是说，同年同月的男女结合会影响子孙的繁衍。当然，这些说法也纯粹是无稽之谈。

旧时，从媒妁保亲到互换庚帖，有的结婚当事人还蒙在鼓里，不知底细。有的家庭会在适当的情况下，

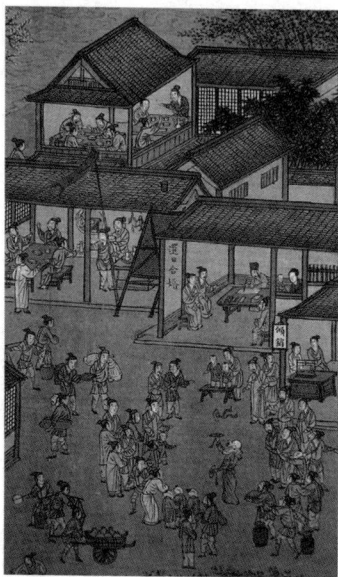

在古代的市井里，有不少以择吉卜婚为业的命馆

向儿女挑明，走个"商量"的过场。封建时代，男、女青年受旧礼教的熏陶较深，一提起婚事，大都害羞，对于父母长辈的选择，也就"知趣"地低头默许。

民间祭祀用的喜神纸马

在男女双方八字与属相相合之后，命相先生便根据"乾造"（男方）和"坤造"（女方）的生辰八字和属相，写出鉴定，如"子与丑合"等；再根据黄道吉日和喜神方位，择定迎娶日期，并将这些东西写在一张红纸折子上。这个红纸折子，就是所谓的"龙凤贴"。在传统婚制中，这个"龙凤帖"特别重要，它相当于今天的结婚证书，只有取得了它，才算完成了合婚的手续。民国以前，只有通过命馆合婚，取得了"龙凤帖"，才算履行了结婚手续。

民国时期，受西方婚姻方式的影响，政府明令男女结婚必须办理法律手续，男女双方还要到民政局去办结婚证。因此，合婚只是民间约定俗成的规定，并不受政府法律的保护，"龙凤帖"仅为民间的婚书。尽管男女双方按规定还须到政府部门办理结婚手续，但许多人家并没有那样做。在他们看来，取得民间俗定的"龙凤帖"，比得到政府的结婚证书更为重要。

随着时代的进步，人们早已经认识到这种封建迷信习俗的不科学，所以这项程序逐渐被人们所抛弃。合婚，已经不能对婚姻的成败起决定性的作用了。如今，它对大多数年轻男女来说也已经很陌生了。

◎天下无聘不成婚

男女双方相亲、合婚之后，如果觉得婚姻缔结可以进行，那么媒人就会选择一个好日子，带着男方去下聘礼。下聘礼，也就是"六礼"中的"纳征"。这个仪式，在民间俗称"放定""过礼""定聘"等。

聘礼的数量，一般因时因地，视家境贫富而定。下聘礼这一习俗，产生于

送聘礼

婚姻形式由从妻居向从夫居转变的个体婚初期。实行从夫居后，女方嫁到男家，女家觉得把女方养大付出了很大的辛苦，把她嫁到丈夫家，心里不平衡，因此男方需要给予女方一定的补偿。

最初，生产水平低下，人们身无长物，只能到女家帮工，用劳动所获作为代价。后来，人们有了剩余的粮食和钱财，便不再为女家劳动，而是给女家送财物。于是，在后来的婚姻程序中便形成了下聘礼的习俗。

早期的聘礼都是些生活必需品，如粮食和御寒的毛皮等。据《史记·补三皇本纪》记载，伏羲始制嫁娶，"以俪皮为礼"。"俪

皮"，即成对的鹿皮。但是，后来却形成了赤裸裸的买卖婚，各家相互攀比聘礼的多寡，以至于无钱不谈婚姻，"无币不相见""非受币不交不亲"等。以聘礼作为嫁女身价筹码的陋俗，甚至对现代人的婚姻观念仍产生严重的影响。

汉代刘向撰写的《列女传》里面有这样一则故事：春秋时期，申国有个女子，已经许配给别人。男方没有备全聘礼，便想要迎娶她过门。申国女子便以"夫家轻礼违制，不可以行"为理由，拒绝出嫁。于是，夫家诉讼到官府，该女子仍然不屈服，并因此坐牢。这件事情传开之后，人们并没有谴责这个女子，而是认为她言之有理，深得妇道。可见，聘礼在婚姻礼俗中的重要地位。

元明两代，甚至明文规定聘礼的等级与数量。如元典规定：上户要出聘金一两，银四两；中户金减半，银四两；下户无金，银三两。实际上，聘礼往往比规定要多得多，因为除了金银之外，还有锦缎、布匹和首饰之类，花费颇大，这些并无数额规定。

直到解放以前，"聘礼"仍是嫁女身价的代名词。有一些女家，因贪图丰厚的聘礼，可将闺女嫁给有钱的老头；相反，好小伙子却因为家境贫困而打一辈子"光棍"。聘礼不知坑害了多少青年男女。

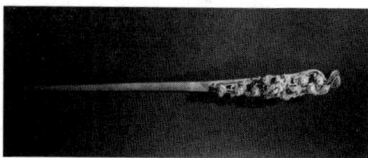
菊花凤凰纹金簪

"过礼"是确定婚姻关系的手续，其用意在于把婚姻关系通过因袭相传的喜宴、仪礼确定下来，使双方家族、亲朋公认。

旧时人们对于男婚女嫁的大事是相当慎重的，为了留有余地，订婚须分成两个步骤，即"过小礼"和"过大礼"。

各地对"过小礼"的重视程度不一。比较重视的地方，会用红漆礼盒或者拜匣盛放信物送给女方。信物多为戒指、手镯、耳坠等。数量可以是其中一种，也可以是多种。一般为金的，若经济状况不佳也可以送银的。

女方收到后戴在手上，表示"有夫"之意，同时也有祝愿姑娘稳重，遵守男方的"家法"，不做失礼之事的意思。有的地方还要给

旧时下聘礼时使用的封绸红木拜匣

女方做几件衣物。

女家回礼时，一般为糕点、果品，以及一些女红绣品等。其中，一对绣有鸳鸯戏水、双枝连理的荷包是必不可少的。有的地方还要回送一套瓷碗，因为"碗"与"稳"字谐音，寓意稳当之意。男方则要把碗保存到成婚那天才开始使用。

过小礼之后，姑娘需要改变发型。过去的女孩子一般喜欢留辫子，这时就要用红头绳扎上辫根；若留鬓角发者，则把下垂头发剪成齐眉穗，以示订婚。

因为过小礼表示双方的婚姻基本定下，所以男方送的礼物又叫"红定"。此后，双方一般不能悔婚。无论哪一方事后悔婚，都会遭到社会舆论的谴责。过小礼至婚期，没有一定的时日。因为有的男方正在求学，尚未"当差"做事，不宜立即成家；有的则是女方年纪尚小，娇生惯养，父母不忍过早遣嫁。所以一放就是一两年，甚至拖至三年不定。一旦年龄适合，各方面条件成熟，男方要求迎娶，女方自当遣嫁。至此，即可择吉"过大礼"。

过大礼，通常在迎娶前两个月或一百天举行，具体日期是由男、女两家协商确定的。过大礼的主要内容之一就是男家通知女家迎娶的吉期。在这之前，男家循例索要新娘衣服的尺寸单和"小日子"。尺寸单，是为了给新娘做衣服用的；"小日子"则是预先知道新娘的经期，以便选择迎娶日子时规避。

过大礼的仪式比较隆重，男家择

昔日送聘礼时用到的大食盒

大雁是古代聘礼中的重要之物，后人则以鹅代替了。这是清代下聘礼时使用的鹅笼

日宴请亲族，备下丰厚的聘礼装入箱笼，或挑或抬，甚至伴有鼓乐，在媒人护送下送至女家。过什么礼，过多少礼，不同时代、不同地区都不一样，一般以当地当时的标准为基础上下略有浮动。如果过于节俭，往往会受到别人的耻笑，有时还会导致婚事告吹。

自先秦到汉代，聘礼礼物多达30余种，酒、米、钱等具有经济价值，羊、雁、鸳鸯、胶漆等，有预祝新夫妇吉祥如意、如胶似漆的寓意。到了南北朝和隋、唐之际，聘礼增加了钱财的数量，出现"嫁娶必多取资""索重聘"之俗。而物品的种类相应地减少了一些，却新增"棉絮"和"双石"。棉絮，取其"调柔"之意；双石，则象征夫妻双方坚定不移。

到了宋代时，聘礼更重了。南宋文人吴自牧在《梦粱录·嫁娶》中，谈及当时聘礼的情况时说："富贵之家当备三金送之，则金钗、金镯、金帔坠者是也。若铺席宅舍，或无金器，以银镀代之。……更言士宦，亦送销金大袖、黄罗销金裙、缎红长裙，或红素罗大袖缎亦得。珠翠特髻，珠翠团冠，四时冠花，珠翠排环等首饰，及上细杂色彩缎匹帛，加以花茶果物、团圆饼等，又送官会银锭。"

由上述记载可以看出，宋代的聘礼简直令人眼花缭乱，其花销势必巨大。当然，这是针对当时的富裕人家来说的。但是，在这种重聘风气的影响下，普通百姓肯定也是竭尽所能。到了元、明时期，法律还明文规定了聘礼的等级和数量。

近代北京的聘礼，一般是吃、穿、酒、鹅四架。吃的有猪羊肉、年糕、龙凤饼、藕、茶叶、苹果、栗子、花生、干面等，每一样都有寓意。穿的有单、棉、皮、纱，以及金银首饰等，样样俱全。礼品数目，取双忌单。其中，送"肉"的意思就是要女家割舍骨肉，让女出嫁；而送年糕，则表示女子出嫁后"步步登高"之意。

聘礼茶

江浙地区过大礼时，男方要以金银茶果等物赠与女方，普通人家送银一锭，果品4包或8包，如龙眼、荔枝、栗子、蜜枣之类，茶叶十几瓶以至数十瓶不等；富贵人家还要准备珠翠、首饰、金银器及绸缎衣裙，加以双羊牵送。

台湾地区的聘礼主要有：耳环、戒指、礼香、礼烛、礼饼、柑橘、红绸、鸡鸭等。

山东地区，男方送给女方的聘礼，除了各色衣料、金银首饰、酒肉糖果之外，还有数量不等的花馍。

聘礼，对不少家庭来说都是一笔不小的开支。有些人家倾尽全部财力，甚至举债而为之。

女方将所要聘礼的数目开成礼单，由媒人带给男方。如果男方承受不了礼单上的聘礼，媒人则要来回奔波，直到双方谈妥为止。当然，也有的女方家长为人厚道，一般不会强求或为难对方，他们从实际出发，若男方家不宽裕，仅是象征性地要一点省钱的礼物。因为女儿还得过去生活，给亲家破财，对女儿也不好，还是以亲情为上的。

聘礼送到女方家之后，女方不能将过大礼的礼品全部留下。女方要把那些茶食点心返回一部分，以表示女方对未来公婆的回敬。然后，女方把剩下的茶食点心分成若干份，送给近亲好友，凡是收到礼品的，大都会给姑娘添点嫁妆，俗称"填箱"。

至亲好友所送的，一般都是些女子婚后所用之物，如衣服、被褥、布料等，也有送钱的，谓之"压箱钱"，但最多的还是送果盒。果盒为长方形木匣，里面能

银手镯

放半斤到一斤糕点，大多放糖果或柿饼之类食品。上好的糕点连同果盒被放到柜子里，这是新娘在新婚之夜与新郎共享的；一般的食品则放到食盒里，留作新娘新婚后磕头拜见长辈时的礼物。

鸳鸯花馍

喜礼的多少，标志着结婚之家人缘的好坏。喜礼要一笔不漏地记入账簿，俗称"喜簿"，以备将来还礼。礼品的多少，一般与关系的亲疏有关，关系亲密的礼品重，疏远的礼品则可以轻些。但也有此前闹过矛盾的，为表示歉意，欲借此机会和解，礼品反而更重。无论何种形式的喜礼，都要讲究吉利，不能送谐音不雅的物品，如缎子（断子）、梨（里）、钟（终）等，一般也不送单数。

◎古代婚书讲究多

在过大礼时，我国民间还讲究传递婚书。婚书，亦称"鸾书"，也就是我们现在所说的结婚证，虽然属于民间私约，但在古人的眼里同样具有法律效力。

婚书，一般是采用描金鸾凤朱纸裁制的，依男左女右次序，分书男女姓名、生辰八字、籍贯、祖宗三代名号。男方封套正中写"恭求"二字，女方封套正中写"敬允"字样，所以此帖又称"允求书"或"许婚帖"。

许婚帖

婚书还有另外一种格式，男方给女方者为"龙帖"，其格式是："愧乏玉田，仰祈舍诺。×××鞠躬。"女方回男方者为"凤帖"，其格式为："德愧比凤，愿切乘龙。×××鞠躬。"因此，婚书在民间

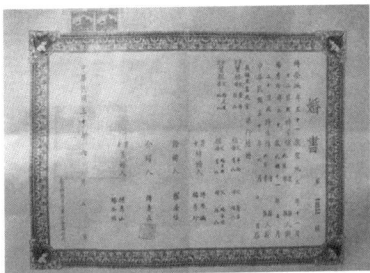
民国时期的婚书

还有"龙凤帖"之称谓。

婚书在中国民间有着十分悠久的历史，据《周礼》记载，早在周王朝时，政府就设有管理婚姻事务的官员，他们负责为缔结婚姻的男女双方书写颁发婚书。周朝的婚书，是把文字内容先写在竹简或木简上，然后将写好的竹简或木简一分为二，男女双方各执一半，这就是夫妻婚姻的法律依据。

现在所能见到的最早的婚书，是在甘肃敦煌莫高窟发现的唐代婚书。它以正书和别纸两种形式同时书写。正书为男方家请求结婚书写的通婚书，以及女方家里承诺同意书写的答婚书。

到了宋代时，婚书进一步完善，就变成了上面所述"允求书"和"龙凤帖"的格式。虽然到了清代，出现了官方婚书，但这种民间私约的形式，一直到民国时期仍广泛存在于全国各地。在当时，与官方颁发的"结婚证"相比，这种民间私约性质的"结婚证"，更受到人们的重视。

过大礼之后，就意味着婚事已成最后定局，男、女两家从此必须恪守婚约，男方准备迎娶，女方准备遣嫁。

但在现实生活中，毁约的事情还是有的。明代文学家凌梦初撰写的《拍案惊奇》里面就讲到了一个毁约的故事：金朝奉将女儿许配给秀才韩师愈之后，又嫌弃韩师愈家境贫寒而毁约。万般无奈之下，韩师愈只好请求郡太守明断。结果，太守便以婚书可查，聘礼已收，证据确凿为由，将金家女儿断给了韩师愈。

上面这个事例，让我们看到了古代婚书的严肃性和包含的法律效应，同时也反映出女方在古代婚姻中所处的不利地位。

退婚事件，偶尔也会发生

山东潍坊民间年画"双喜即日到"

婚书一旦订立，女方就没有了毁约权。唐代法律甚至明确规定：女方仅仅毁约而没有许婚他人，官府要杖责六十大板，仍然维护原来婚约；解除婚约，而且别许他人，要杖责一百。

由此可见，在订立婚约之后，若女方毁约，受到的惩罚将是非常严厉的。但男方要想解除婚约，只要提请官府，放弃聘礼就行了。这也算有点经济损失，却不需要负任何法律责任。

旧时，过大礼之后，如果男方因故死亡，女方须终身守寡，再嫁则被视为不贞节的行为；如果女方因故死亡，则可以将尸体抬至男家，在男家家门举行简单的婚礼（拜堂时由一人抱鸡代替亡女），然后葬入男家祖茔，此后男方可以再娶，也可以由亡女之妹填房。从这些习俗可以看出，封建时代的婚书主要保护的还是男方的利益；同时，也可以看出我国古代女人地位之低下。

◎趋吉避凶"送日子"

请期，又称"告期"，通俗一点讲就是择定婚期。这一传统婚姻礼仪，在我国民间俗称"送日子""送日头""送好日""提日子"等。

在不同地区，叫法也略有不同，但实质是一样的。根据《仪礼》的有关规定，在纳征订婚后，男方还要备礼到女家，专门选择一个好日子成婚。所谓好日子就是黄道吉日。古时候，请期礼必须有雁。《仪礼·士昏礼》中有这样的规定："请期，用雁。主人辞，宾许告期。"

后来，则多用红纸笺写明迎娶日期时辰，称为"请期礼书"。也有口头通知或协商的，礼品一般从简。"请期礼书"的内容和格式如下：

谨遵坤命，选择嫁娶期

行嫁利月：兹择于本年×月×日，全吉。

娶送男女客人：忌×相，大吉。

上下车轿：面向×方迎喜神，大吉。

安庐坐帐：宜用×屋×间；面向×方位迎福神，大吉。

天地氤氲，咸恒庆会；金玉满堂，长命富贵。

×年×月×日

应当指出，请期为"六礼"之一，即使朱子家礼将"六礼"简缩为"四礼"，仍将请期列为一礼。但是，我国民间往往把纳征、请期并为一礼，在过大礼时，即把请期的手续办完了，决定了婚期。因此，这一仪礼在民间往往是名存实亡。

在现代人的婚姻习俗当中，过大礼仍是必不可少的一步。尤其是随着社会攀比风气的加剧，彩礼金的数额已经越来越高，许多人家甚至将楼房、轿车等也列入聘礼当中，作为议婚的条件之一。这一陋俗的不断升温，其实是当前社会浮躁现象的一种变异，但愿有一天能够降温吧！

或许，许多人为了掩饰这一陋俗所带来的尴尬，不像古人那样，将纳征与请期这两个合二为一的仪礼直接称为"过大礼"或"放定"，而是以不沾铜臭之气的"送日子""送好日"等名称替代了。因此，在现代人的婚姻习俗中，请期的代表意义反而超越了纳征，有些起死复生的意味。

古人比较迷信，认为娶亲的日期和时辰大有讲究。他们认为，人的一切行为都要顺应天时才有好的结果。商朝人凡事先卜再决，留下的大量甲骨卜辞就是证据。婚姻被认为是人生大事，决不能草率从事。

一年之中，何时是嫁娶的佳期呢？

周代时，把二月作为男女婚嫁的最佳时节。在古人的眼里，二月是万物始生、阴阳交接之时，而男为"阳"，女属"阴"，男女婚配犹如阴阳结合，所以二月结婚被认为顺应天时，吉利。因此，二月被当作"婚月"。

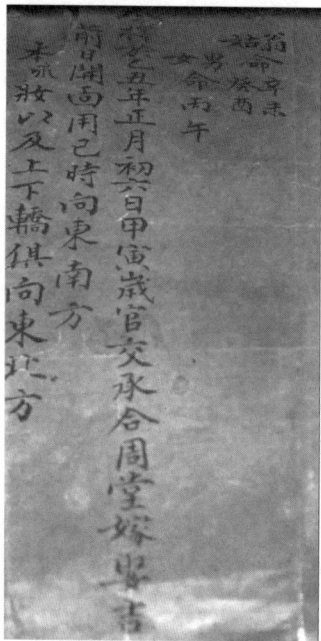

请期礼书

其实，无论春夏还是秋冬，都可以作为婚嫁之时。《古今图书集成·礼仪典》云："春秋二百四十年，鲁女出嫁，夫人来归，大夫迎女，天王娶后，自正月至十二月，悉不以得时失时为贬褒，何限于仲春季秋以相非哉。"这段话的意思是说，鲁国嫁娶不拘春夏秋冬，一年12个月皆可婚配，无须论其好歹。

过去，在我国的大部分地区，许多人家将婚礼安排在腊月二十三到春节期间。此时娶亲，主要有两个原因：一是人们认为，过完小年之后，诸神都要上天述职，民间没有司命主约束，此时办婚礼百无禁忌，所以每天都为吉日，可以免去择日的麻烦。二是民间习俗认为腊月和正月是吉祥的月份，新郎新娘成婚后，可以从新的一年开始共同生活，并在年头正月时拜识双方的亲戚。

除了季节月份外，古人还要选择"吉日"和"吉时"，即讲究吉日良辰。上古嫁娶多在夜晚，故汉代班固的《白虎通义》云："婚姻者何谓也？昏时行礼，故谓之婚也；妇人因夫而成，故曰姻……昏时行礼何？示阳下阴也，婚亦阴阳交时也。"很明显，婚礼选择在"昏"时（即傍晚或夜晚），意在顺应天时。

夜间嫁娶习俗的由来，大概与古代的抢婚有关，因为最初的抢亲多在黄昏或夜间举行。习惯成自然，后来虽然不抢亲了，但夜间举行婚礼的习俗却被保留了下来。

由于夜间嫁娶有诸般不便，而且夜间活动有偷偷摸摸不光彩之嫌，所以后来就逐步改为在白天嫁娶，以表示这桩婚事的光明正大。但是，直到近代，瑶、侗等民族还保留了夜间嫁娶的习俗。

到了汉武帝时期，五行占卜成了选择嫁娶吉日的主要方法。再后来，婚姻择期体系又掺杂了很多民众的意见，由此逐渐发展成一套庞大的体系。旧时，民间婚礼的日期一般都是由该地的命相先生择定。

推算时，首先要看男女属相的大利月或小利月，其歌诀如下：正、七月迎鸡兔；二、八月虎和猴；三、九月蛇共猪；四、七月狗和龙；牛羊五、十一、六；腊月鼠马走。

选定吉月之后，再查吉日，依据旧历书上所载的"建""危""平""满""成""闭""执""定""开""破""收""除"十二个字来决定。其歌诀如下：建、满、平、收黑（这四天是黑道日）；除、危、定、执黄（这四日是黄道吉日）；成、开皆可用（这两天尚可）；闭、破不相当（这两个日子犯忌不能用）。

择好日子之后，还要选择"黄道吉时"。俗谚云："好年不如好月，好月不如好日，好日不如好时。"命相家有"十二黄道、黑日时"之论。此十二位值日、值时的星宿是：青龙黄道（吉）、

印盒上的八卦图

明堂黄道（吉）、天刑黑道（凶）、朱雀黑道（凶）、金柜黄道（吉）、天德黄道（吉）、白虎黑道（凶）、玉堂黄道（吉）、天牢黑道（凶）、玄武黑道（凶）、司命黄道（吉）、勾陈黑道（凶）。

以上十二吉、凶星宿按上述排列顺序值时。其起止推算的方法唯以值日的地支为依据。例如：值日地支是寅申日，子时是青龙（吉），丑时便是明堂（吉），寅时便是天刑（凶），逐一下推；卯、酉日是从子时司命开始，依次下推；辰、戌日是从子时天牢开始；巳、亥日，从子时白虎开始；子、午日从子时金柜开始；丑、未日，从子时天刑开始。

当然，不同的地区或民族在不同的时代，对婚期也有不同的讲究。比如广东佛山地区忌讳"三娘煞日"（民间传说阴历初三、初七、十三、十七是大煞之日），忌讳三月（据说是死月）和七月（天气热），一般为阴历的八月至二月。

龙凤花馍

　　台湾人忌讳在五、六、七、九月婚嫁，习俗认为"五月差误"，将婚期定在此月，将导致两家不和或婚姻失约；"六月勿出尾"或"六月娶半年妻"，此月谈婚，不会有圆满结局；七月为"鬼月"，俗说"七月娶鬼妻"；九月属"狗月"，民谚有云："九月狗头重，死妻亦死夫"，婚嫁颇不吉祥。

　　随着新时代人们思想的进步，按属相、命相择查"佳期""吉日"结婚的复杂繁冗程序已经减少。更多的人，将这种择期的程序简单化了。越来越多的人会选择"五一""国庆""元旦"，或其他节日举行婚礼。

　　举办这样的婚礼，不仅具有纪念意义，而且前来庆贺的人多，吉祥喜庆的气氛更加浓厚一些。

第四章：万事俱备，待迎佳人

◎布置洞房迎新娘

结婚的佳期吉日确定以后，男、女双方便开始进入了紧张的"备喜"阶段。女方主要是准备嫁妆，而男方的任务则要艰巨许多。男方在婚前的准备，不仅关系到婚礼过程的精

洞房，是一对新人生活开始的地方

彩与否，甚至关系到新娘能否如期来到男家。

对于男方家来说，要做的头一件大事，就是在迎娶之前将新房布置好。新房，是男方家备喜的重点项目。现在的年轻人结婚，大都有自己独立的新房。有些人家的父母，甚至在儿子尚小的时候，便建造或购买好了新房，以备儿子长大结婚时用。

然而，旧时却并非如此。即使那些大门大户，也很少有为孩子单独置办新房的。他们往往会在现成的宅第里面规划出一两间来，而后重新进行装修，以作为新房。尤其是在那些生活条件较差的家庭里面，新婚夫妇大都居于偏房。这样做的目的是，既可以节省婚事的开销，又方便娶来的儿媳更好地侍奉公婆。

新郎新娘所居住的新房，在我国民间俗称"洞房"。宋代文人洪迈在其《容斋随笔》里面，更有"洞房花烛夜，金榜题名时"的传世佳句。那么，人们为何要把新房称为"洞房"呢？在我国民间还流传着一个动人的故事：

相传，在秦朝时，秦始皇大兴土木，建造阿房宫，并派大臣到民间强选天下美女。有一位十分俊美的女子，名叫"三姑"，被强迫送进阿房宫。但勇敢倔强的三姑，不甘心过那种被奴役践踏的黑暗生活，便想办法逃出宫来，直奔华山。

装饰在洞房墙壁上的鸳鸯同心刺绣挂件

当时秦始皇焚书坑儒，无辜地迫害读书人，其中一些读书人只能四处躲藏逃命。有个叫沈博的书生，也逃到了华山。

一天，三姑和沈博在山里偶然相遇。两人都衣衫褴褛，面容憔悴。他们互相倾诉了自己不幸的遭遇，并逐渐对对方产生了爱慕之情。于是，他俩插枝为香，对天盟誓，结成患难夫妻。在上无片瓦，居于荒野的情况下，他们便以巨石下的一个洞穴为居。夫妻俩情投意合，相亲相爱，虽然生活困苦，但却很甜蜜。

因此，洞房便具有了夫妻同舟共济、恩爱幸福的寓意。从此以后，它也成为新婚夫妇居所的代名词。

新娘梳妆时使用的梳妆台

当然，这只是民间附会的一个美好传说罢了，还不足以为据。据专家学者考证，洞房肇始于族外婚盛行时，钟情男女媾和的主要场所是山洞。后来形成的传统观念则认为，洞房是新婚夫妇开始新生活的起点。因而，民间对于洞房的装饰和布置极为重视。布置洞房，是一件十分繁琐的事情。过去，在我国北方民间曾流传这样一

洞房里的雕花橱柜

句俗语："媳妇不上炕，手脚处处忙。"

这就是说，新娘还没有迎娶进门，处处都有忙不完的营生。现在洞房的布置，讲究的是高档家电与家具。而在旧时，则以家具作为居室的大件。

家庭条件优越的人家，可以根据新房的具体尺寸和需要来设计家具，然后雇佣木匠使用花梨木、檀木等高档木料，运用雕刻、镶嵌等多种精湛的手艺进行制作。常见的新房家具有床、凳子、衣架、立柜、八仙桌、茶几、花架、书柜、书桌、屏风等。这些家具摆设往往精美绝伦，工艺精湛，还具有喜庆吉祥的祝福寓意。

在有些地方，上述部分家具则是由女方作为陪嫁负责制作，而后在迎娶的前一日送往婆家。当然，这一切都是由双方的家庭条件决定的。

在旧时，也有不少贫困的人家并不制作新家具，只是用花纸将洞房的顶棚、四壁裱糊一遍，虽然简陋，但也洋溢着喜庆的色彩。

至今，在我国民间仍广泛流传着这样一句俚语："隔里不同风。"这里所说的"风"，是指人们生活的风俗习惯。虽然相距只有数里的路程，但风俗习惯却会呈现出一定的差异。这一点，在婚俗、节俗等方面表现得尤为突出。因此，各地对洞房布置的要求并不一致。比如南方地区在布置洞房时，最重要的一项就是喜床。不同时代，喜床的样式、档次也不同，有耙桃床、

民间婚礼在举行安床仪式时祭祀的床公床母神像

橱拉子床、面子床、架子床、席梦思床等等。

在安放喜床之前，先要焚香祭拜"床神"。床神是一对夫妇，俗称"床公床母"。据说床公嗜茶而床母好酒，因此祭拜床神时必备茶水和酒水。祭毕，按照既定方位安放喜床。台湾的安床习俗是先取八枚铜钱放在床角下，这叫"八字合同（铜）"；又取若干铜钱放在床头床尾，谓之"同（铜）心同（铜）体"。床角不能正对桌角，而是边对边，据说这样能保证夫妇和睦，不犯口角。上海奉贤人称安床为"排床"，即"摆床"之意。在排床时，还要唱《排床歌》："未进房，看四方，四方平顶好排床，今年排张龙王床，明年养个状元郎。"可见安床也有位置的讲究。

围绕着喜床的装饰，以女红绣品为主。如广东潮州一带，通常以女方刺绣的香荷包来装饰喜床，这样不仅赏心悦目，而且香气袭人，更加增添洞房的喜庆气氛。

帐幔，也是装饰喜床必不可缺的。帐幔与荷包一样，通常都是女方所备的嫁妆。南方的床帐样式多为长方顶式，挂帐后两端有流苏垂下，缀以枣、栗、生菜之类的实物，有祝生之寓意。婚床上花簇锦绣，放有一对涂红漆的枕头，寓意新婚夫妇如胶似漆。枕头是用竹子制成的，寓意同心同德。

北方人多用圆顶式床帐，卷柳为圈，互相连锁，可张可阖，因其圈多而称"百子帐"，蕴含着祝生百子之意。

安置好的喜床

我国北方民间睡炕的地区，洞房的火炕必须重新"盘"过。炕上铺有紫红色炕席，炕的一头摆有放置被褥的炕几，炕几上放有叠成条形的绣花被褥，鸳鸯绣枕一对。炕前为红毡铺地。炕下北边靠墙处，放置着橱柜、桌子、椅子等家具。炕的四周挂有漂亮的炕围子，呈现出一派欢乐喜庆的景象。

北方地区喜炕的布置

在迎亲的前夕，洞房的窗户必须用红纸糊得严严实实的，也有的人家采用红布帘遮挡，给人一种很神秘的感觉。

除了布置洞房之外，新婚夫妇拜天地的礼堂也需要重点布置。不过，礼堂都是临时性的，待婚礼仪式结束之后，它也就完成了使命。

通常办喜事的人家都将北房（三合房、四合房都以北屋为正房）外间当礼堂，东里间当洞房。如以南房为正厅，则以西里间为洞房。当然，这还要视本家居住条件和房屋格局而定。

礼堂的正面设有"天地桌"。所谓"天地桌"，就是供奉天地诸神的香案，是给新婚夫妇拜天地用的。桌前挂有大红缎子绣花的桌围，上有"花开富贵""麒麟送子""鸾凤合鸣"等吉祥内容的图案。地下铺有大红地毯，上设彩绣锦缎拜垫一对。

天地桌正中摆放着一个木质的神祇夹子，里面夹着一份临时请来的"百份"（即玉皇大帝与诸神的木版彩印神祃，象征着"天地三界十方万灵真宰"）。天地诸神的神祃并不像过年祭祀时完全展现在人们面前，而是半遮半掩地插在一个用红色花纸粘贴的袋子里。

桌上还设有装着小米的升一个，升外贴着红喜字；一对蜡扦上插着红烛，做祭祀用，下面压着千张、黄钱等敬神用的"钱粮"；此外还有桃木弓、柳木箭、马鞍、新秤杆（用红纸包裹）、宝瓶、苹果、胭脂等新娘入洞房礼仪上的用品。

旧时，由于各地风俗习惯有差异，其礼仪用品也存在一定的差别。比如

喜堂

不少地区在举行婚礼时，会在天地桌上放上尺子、剪刀、升、镜子、算盘和秤这六样东西，民间称其为"六证"。

关于"六证"的来历，在我国民间还流传着一个十分有趣的故事：

很久以前，某地有三个兄弟，他们不仅善良聪明，而且喜欢跟人家开玩笑。一天，他们经过一家人的门前，只见门板上贴着这样一副对联："有志不在年高，无志空活百岁。"

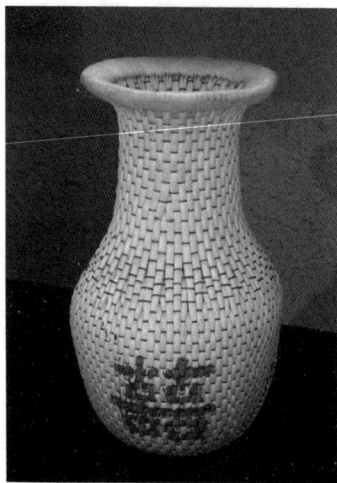
喜烛

哥仨认为这家的主人很有志气，便想认识一下。于是，他们走上前去敲门。过了不一会儿，有个年轻小伙迎了出来。

哥仨想试探一下这个年轻小伙的才能，老大先开口说："我们每个人都想提个问题，看你能否办到。我先提——你能否做出太阳那么大一个馒头吗？"

老大问完之后，老二接着问："你能装海那么大的一缸油吗？"

最后，老三也提了一个问题："你能给我织出路一样长的一匹布吗？"

升，为婚姻"六证"之一

听完兄弟三人的提问，小伙子乐呵呵地说："你们明天来吧！"

第二天，哥仨又来了，见小伙子像没事似的，老大就问："馒头做好了吗？"

小伙说："我都准备好了，就等你把太阳摘下来照样子做呢！"

老大被说住了。

老二接着问："海一样多的一缸油准备好了吗？"

小伙说："准备好了，就等你称

昔日举行婚礼仪式时，挂在天地桌上的红桌围

出海水的重量了！"

老二也愣在那儿。

老三接着问："我那路一样长的布织完了吗？"

小伙说："织是织完了，可你得先把路的尺码告诉我，我才能量布呀！"

老三也呆在那儿了。

小伙子又郑重地说："我想麻烦三位兄长帮个忙，替我找到世上每个人都离不开的'六证'。"

这哥仨也不知道"六证"是什么东西，走了很地方，问了很多人，都没有人知道。

一天，他们在山脚下的一个小村庄里遇见一个漂亮的姑娘，哥仨就上前跟她打听什么是"六证"。

姑娘听完，转身回屋，拿出一个升、一把剪刀、一把尺子、一面镜子、一个算盘和一杆秤。

哥仨一愣，诧异地说："姑娘，我们要找的是'六证'，不是这些东西。"

姑娘笑了笑说："没错。你想知道粮食的多少，升可做证；衣服式样好坏，剪刀做证；布的长短，尺子做证；相貌如何，镜子做证；东西的轻重，秤可做证；钱有多少，算盘来做证。世上的人能离开这'六证'吗？"

哥仨听了之后恍然大悟。他们看姑娘的年龄、相貌与托他们找"六证"的小伙子非常般配，于是就介绍他们认识，姑娘拿着"六证"就和小伙子结成了良缘。

从此，"三媒六证"就流传了下来，成为婚姻的习俗。

人们用来装饰洞房窗户的窗花

在旧时，妇女们一提到自己的婚配往往会自豪地说："姑奶奶是三媒、六证，明媒正娶来的。"她们以此来表达对自己婚事的珍重。当然，上面这个故事只不过是民间的一种附会罢了，至于"六证"的真实起源，已不得而知。

有些人家为了回避不祥之人，将天地桌设于洞房之内。这样一来，外面礼堂正面不再设礼案，通常也不再供奉什么神像，而是挂一幅大红缎子的喜幛。喜幛正中有彩绣金线加边的大红"囍"字，两旁垂有巨大红、黄、绿三色的彩球，作为陪衬装饰。

◎ "囍"字的绚丽风情

如果要为中国的婚俗文化选一张"名片"，恐怕大多数人都会想到"囍"字。它蕴含着万种风情，千百年来，成为婚礼仪式中一道浪漫而又艳丽的风景。

时至今日，结婚贴"囍"字，仍然是婚礼仪式中一个不可或缺的习俗。关于"囍"字的来历，在我国民间曾流传有一个美丽的故事：

相传，王安石在20岁时，从抚州临川到京都洛阳赶考。在途经马家镇住店时，他一天饭后上街散步，偶见镇上马员外家门上高挂着一对走马灯笼，旁边贴一上联："走马灯，灯走马，灯熄马停步。"王安石不由得拍手叫绝，而后在门口徘徊了半天也没能对出下联。

"囍"字，是中国传统婚礼的一个代表性符号

王安石在门外徘徊的情景，恰好被马家的老管家看到了，他便立即禀报给了马员外。等马员外闻讯赶出来时，王安石已经离开了。

事有凑巧，王安石此次考试时，因为交头卷而受到主考官的赏识，传他面试。主考官指着厅前的飞虎旗出了一联："飞虎旗，旗飞虎，旗卷虎藏身。"

相传，"囍"字是由宋代著名文学家、政治家王安石创造的

王安石忽然想到在马家镇上看到的那一条上联，于是随口对之。主考官见他对得又快又巧，赞叹不已。

考毕，王安石回到马家镇，想起走马灯对他的帮助，就信步来到马员外家的门前，谁知被老管家认了出来，执意请他进了内宅。看茶落座后，性急的马员外便请王安石对走马灯上的对子。王安石再次移花接木，随口说道："飞虎旗，旗飞虎，旗卷虎藏身。"

马员外见他对得既工整又巧妙，马上答应把女儿许配给他，并主动提出择吉日在马府完婚。原来，走马灯上的对子，乃是马小姐为选婿而出的。

结婚那天，马府上下喜气洋洋。正当新郎新娘拜天地时，有报子来报："王大人金榜题名，明日请赴琼林宴!"真是喜上加喜，马员外当即命人重开酒宴。面对双喜临门，带有几分醉意的王安石，挥毫在红纸上写了一个大大的"囍"字，让人贴在门上。

从此以后，"囍"字便成为新婚之喜的象征，相沿至今。

"囍"字是中国民俗文化中一个特殊的吉祥符号，它结构巧妙，两个并列的"喜"字方正、对称，骨架结构稳定，犹如男女并肩携手而立，具有祝福婚姻美满、喜人同心、白头偕老的美好寓意。此外，"囍"字中又包含着4个"口"字，象征着家庭融洽，子孙满堂。

"囍"字在婚庆仪式中的使用，通常可分为两种形式：一种是用笔墨在顺红纸上书写，讲究一些的则会用胶水书写，然后洒上金粉，成为红纸金"囍"字；另一种则是由巧手妇女以粉红纸剪制而成的。前者多贴于街

87

喜堂上的双喜字

河北蔚县剪纸"鸳鸯双喜"

门和墙壁上，后者则多为女方嫁妆上的装饰，或张贴在男方家的窗户上。

结婚贴"囍"字的时间，一般选在婚礼前一天的上午。不仅男方家贴，女方家也要贴。不过，女方家贴的是"禧"字。当然，由于风俗习惯的差异，有些地区在女儿出嫁时并不贴"禧"字，而是在新娘回门的当天早上贴。

在旧时的婚礼中，由于喜事的类别、性质不一，故而"囍"字的用法也有许多讲究。

办喜事的人家若人口全，祖父给长孙娶媳妇，而且是初婚，都必须直接在红纸上下对角书写4个"囍"字。大门外每边各贴两个，使之对称。如果办喜事人家给过继之子完婚，则将金色"囍"字贴在红纸上，大门外每边各贴两个，表示其喜是"贴靠"上的。结婚人如果是"二婚"，男家贴金纸"囍"字，大门外两旁各贴一个。如果是招养老女婿，女家门前贴黄纸红"囍"字一对。外人通过办喜事人家门口所贴的"囍"字，便能够轻易地分辨出婚礼的性质。

◎吉祥婚联送祝福

婚联，俗称"喜对子"，是用于婚嫁礼仪的一种对联，用于张贴在新婚夫妇的居室门口或婚庆会场等地。其内容，主要是赞颂两人结合的完美、对未来婚姻生活的憧憬，以及对婚姻当事人的美好祝愿等。

婚联与春联一样，都是源于古代的桃符。何谓桃符呢？其实，它就是用桃木做的两块木板，上面分别书写上传说中的降鬼大神"神荼"和"郁垒"的名字。每逢过年的时候，人们将桃符悬挂在大门的左右，用以驱鬼压邪。

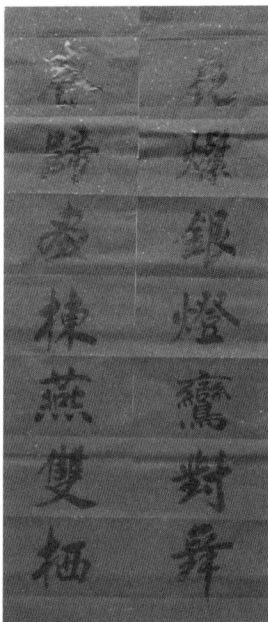
吉祥喜庆的婚联

悬挂桃符的习俗，早在秦汉时期就已经出现了。婚联出现得相对较晚，据说是源于北宋时期。

相传，宋代大学士苏东坡有一个妹妹才貌双全。当时，身居宰相之位的王安石闻知后，托人前来提亲，欲将苏小姐娶来做儿媳妇。然而，苏小姐却另有所爱，暗中与长兄苏东坡的朋友秦少游相爱。

苏洵知道女儿的心思之后，也爱惜秦少游的才华，便招其为婿，并择吉为他俩完婚。

结婚那天，亲朋好友齐聚苏家，祝贺新人。是夜，月明如昼，前厅宴席已毕。秦少游兴冲冲地要进洞房时，不料被丫鬟拦住了。她说小姐有令，要秦少游答对三题之后，才可入洞房。秦少游毫不在乎，满口答应愿意应试。前面两道题，秦少游都答对了，可是第三道题却令他大伤脑筋。该题是对联，上联为：闭门推出窗前月。

秦少游在院中左思右想，就是不得其对。此时，恰逢苏东坡前来打探妹夫的消息。他听少游在庭院中吟哦"闭门推出窗前月"七个字，右手做推窗之势，想必定是小妹以此对为难他，自己得想办法帮帮他。

苏东坡瞥见庭院中的一个花缸里贮满清水，灵机一动，便想出了下联。他想过去将下联告诉少游，又怕妹妹发觉，连累妹夫失面子。于是，他俯身拾起一粒小石子，扔到少游身旁的小水池中。秦少游看到石子落水后，激起了层层涟漪，顿时醒悟，对出下联：投石冲开水底天。

之后，苏小姐亲自将新郎

天津杨柳青年画《苏小妹三难新郎》

迎入洞房。

婚后不久，秦少游参加了礼部大试，中了进士。夫妻二人相亲相爱，白头偕老。

从此以后，自矜有点文墨的人家，都喜欢在办婚事时用婚联装点新房，以供贺客赏析。同时，人们也认为婚联与春联一样，都具有辟邪除煞的功能。

喜堂正中悬挂的婚联

因此，新婚贴婚联的习俗，便在我国民间各地流传开来。旧时常见的联语有："良缘实天作之合，好逑遂文定之祥"；"东都才子，南国佳人"；"麟趾呈祥，关雎起化"；"沧海月明珠献彩，蓝田日暖玉生香"；"玉镜人间传合璧，银河天上渡双星"；"喜见红梅多结子，笑看绿竹又生孙"；"洞房花烛夜，金榜题名时"，等等。横批有"天作之合""五世其昌""三星在户"，等等。

这些婚联有自己写的，也有亲友送的。当然，也有不少婚联是请私塾先生代写的。这些联语大都是一代一代流传下来的，比较固定。然而，我国民间在婚联的使用上并不保守，经常会有出新之作，不仅文采艳丽，而且雅俗共赏。有些人家在撰写婚联时，还会根据婚礼的时间和特定的环境来撰写。比如根据不同季节所用的婚联："凤哕鸾鸣春正丽，莺歌燕舞日初长"；"红妆带绾同心结，碧沼花开并蒂莲"；"借得花容添月色，且将秋夜作春宵"；"金屋才高诗吟白雪，玉台春早妆点红梅"等。

而且不同位置所用的婚联也不相同，如大门用联是："红莲开并蒂，彩凤乐双飞"；"红莺鸣绿树，对燕舞繁花"，等等。侧门用联是："宜把欢情联左右，愧将薄席款西东"，等等。

这些婚联，寓意隽永，极富吉祥喜庆的气氛色彩，内容也不乏夫妇燕尔新婚、互敬互爱、白头偕老之意。

门户上张贴的婚联

过去，文人雅士在参加婚宴时，也将题送婚联作为一种时尚之举，因此留下了许多逸闻趣事。清代大学士纪晓岚在参加一位牛姓同僚的婚礼时，曾题写这样一副婚联："绣阁并肩春望月，红楼对面夜弹琴。"联中巧妙化用"犀牛望月"和"对牛弹琴"两个典故，让这副婚联成了"牛"家人的专属，不过还是带着几分戏谑，这正是纪大才子的风流所在。

在传统婚礼中，婚联与"囍"字一样，是一道热烈而欢悦的风景，给人们带来了美好的遐想。

◎喜画的美好祈愿

在旧时的婚姻习俗中，喜画也是必不可缺的。现代人们用来装饰洞房的挂画，除了新郎新娘的大型婚纱艺术照之外，再就是一些精美时尚的屏风。旧时的婚礼，没有婚纱艺术照之说，人们所挂的喜画，大都是木版彩印的，与传统年画没有什么两样。

旧时，洞房内常贴的年画四条屏

一些较为讲究的人家所张挂的喜画，则是由手工绘制并进行过精心的装裱。那些家境殷实的人家，甚至会雇请名家来绘制喜画。普通人家则是像贴年画一样，将喜画贴在洞房的墙壁上。

年画，一年贴一次。而喜画，每个人一辈子大都贴一次。喜欢的题材比较固定，从用途上来看大致可分为两种：一类是悬挂或张贴在室内的墙壁上，单纯作为装饰之用；另一类，则是作为婚礼仪式供奉之用，如天地桌上所供奉的"百份"，即为喜画之一。

从内容上来看，喜画也可以分为两类：一类是祝愿新婚夫妇婚姻幸福美满的；另一类则是与生育有关，祝福新婚夫妇多子多福的。

以"和合二仙"为题材的喜画，经常出现在我国传统婚礼当中，最常见的形象是两个活泼可爱的童子，一个手持荷花，另一个手捧盒子。民间传说，和合二仙的原型是唐代的两位高僧，一位叫寒山，另一位叫拾得。

寒山和拾得，都是唐朝贞观年间隐居天台山的僧人。寒山是个怪僧，常去国清寺"望空噪骂"，但其诗歌写得异常优美。

其他僧人都认为他是一个疯子，但是他却与寺中的拾得一见如故，情同手足。拾得刚出生时就被父母抛弃了，天台山的高僧丰干禅师在化缘的途中遇到他，并把他带回国清寺，让他当了小和尚，取名"拾得"。

拾得在寺中的厨房干厨僧，他经常将剩饭剩菜藏在竹筒里带给寒山吃。后来，丰干禅师看到他俩如此要好，便将寒山安排到寺中厨房和拾得一起当厨僧。

和合二仙，象征着婚姻和谐美满

从此，他俩更加亲密无间。这两位贫贱之交的和尚在佛法和诗歌上都有很深的造诣，后人将他们的诗歌汇编成《寒山子诗集》。此诗集共收录两人诗歌300多首，并且流传到国外，产生过较大的影响。贞观年间，寒山与拾得由天台山转至苏州普明塔院任主持。后来，该寺院改名为闻名中外的寒山寺。

我国民间赞颂他们之间情同手足的深厚友谊，并把他们奉为和睦友爱的民间爱神。"和合二仙"的

龙凤呈祥

喜画，经常被挂于婚礼厅堂之上，象征着夫妻和睦恩爱。有些地方，在拜堂的时候，新郎新娘还要向其行膜拜之礼。

在婚礼当中，"龙凤呈祥"也是喜画中常见的内容。在画面上，龙、凤各居一半。龙是升龙，张口旋身，回首望凤；凤是翔凤，展翅翘尾，举目眺龙。周围瑞云朵朵，一派祥和之气。民间以龙象征男性的阳刚之气，以凤象征女性的柔淑之美，并借龙飞凤舞的形象来预祝新婚夫妻生活得幸福美满。

直至现代，在新婚者邀请亲朋好友参加婚礼的请柬上，仍印有"龙凤呈祥"的图案，就是这个含义。同样道理，陪嫁中的筷桶、蜡烛等物品，亦多印有此图，谓之"龙凤筷""龙凤碗""龙凤花烛"等。

"鸳鸯双栖"，也是我国民间传统婚礼上常见的喜画之一。鸳鸯是偶鸟的合称，雄为鸳，雌为鸯。这种鸟一旦结为夫妻，便终生偶居，是偶鸟中最为著名的代表之一。鸳鸯忠贞不渝、生死相依的品质，让人感佩不已。

鸳鸯的这些特性和象征意义，使得其成为我国人民眼中的爱情吉祥鸟。甚至，人们喜欢直接以"鸳鸯"的称谓来命名世间的情侣。在新婚礼仪中，鸳鸯被、鸳鸯枕更是必不可少。鸳鸯的形象已经深入人心，以"鸳鸯双栖"为题材的喜画非常多，最常见的有：鸳鸯同游荷花前，为"荷花鸳鸯"，以"荷"谐音"和"，祝福夫妻婚后和睦；鸳鸯共卧于莲叶之上，乃"鸳鸯同心"，以连通的藕心比喻夫妻心连心，同甘共苦；一对鸳鸯同游在芙蓉花和芦苇之下，"芙"与"福"同音，"芦"与"禄"同音，谓之"鸳鸯福禄"，象征夫妻和睦甜蜜、幸福富裕。

此外，祝福婚姻美满的喜画还有"齐眉祝寿""妻美夫荣""白头长春""喜鹊登梅"等等。

在传统婚姻观念中，缔结婚姻的一个重要目的就是传宗接代，多子多孙被看作是人丁兴旺、家道隆兴的象征。人们为了婚后多子多孙，便对送子之神加以膜拜。其中影响最广的，当属"送子张仙"和"送子娘娘"。在旧时的婚礼当中，此类喜画多作为神祃被人们供奉在室内。

鸳鸯戏莲

"送子张仙"的画面，多为一衣着华丽、手持弓箭射向天空中天狗的男子。他的膝下往往还绘有一群神态各异的儿童，突出表现了其送子的功能。人们通过对张仙的膜拜，寄托自己新婚之后盼望早生贵子的愿望。

旧时的婚俗观念中，各地对"送子娘娘"的崇拜是很普遍的。送子娘娘，是我国民间对众多女性送子之神的统称。我国北方民间，多信奉"子孙娘娘"和"碧霞元君"。江南和东南沿海一带信奉的是送子观音。台湾民间还将送子观音称为"观音妈"。广东民间也有将金花夫人奉为送子娘娘的。在过去，广东民间就有很多金花娘娘庙。全国各地每年都要举行一些庆典，祭祀这些护佑生育的神灵。

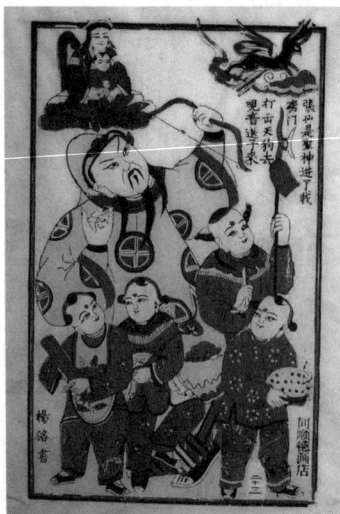

张仙射狗，寓意早得贵子

"麒麟送子"，也是我国历代婚俗中祈求子嗣的喜画之一。麒麟成为婚俗文化中祈孕求嗣的膜拜吉祥物，是有一定的历史渊源和文化含义的。其实，与龙、凤一样，世间并没有麒麟，它是由人们虚构出来的。据古代典籍记载：麒麟为神灵之兽，是仁兽、瑞兽，并且集羊、

麒麟送子

鹿、马、牛、狼、麇、獐等走兽特征于一身，外表狰狞怪异，内在仁厚温顺，居"四灵"（麟、龙、凤、龟）之首。

有关"麒麟送子"习俗的来历，史书里面还有这样一个传说：

相传，孔子的父母由于一直没有子嗣，便在尼山祭祀祈祷，盼望能够有一个儿子。不久，奇迹出现了：一天夜里，孔子的故居曲阜阙里，出现了一只麒麟，嘴里吐出一方帛，上面有"水精之子，系衰周而素王，徵在贤明"的字样。

第二天，麒麟不见了，孔子就来到人世，这就是"麒麟送子""麟吐玉书"典故的由来，象征祥瑞降临，早生贵子。

民间常见的"麒麟送子"图案，是一个胖嘟嘟可爱的男童，骑坐在麒麟身上，一手持莲，一手抱笙，周围祥云缭绕，寓意"连生贵子"。还有的喜画上面，在男童与麒麟的旁边，站着一位护送的仙女。

连生贵子

此外，还有"榴开百子""瓜瓞绵绵""福禄万代"等众多以生育崇拜为主题的喜画。

在中国传统婚俗文化中，这些喜画蕴含着丰富的祝福意义。它们不仅表达了人们对恩爱和睦、甜蜜幸福的婚姻生活的追求，也反映了人们对健康繁衍下一代的美好愿望。

◎邀亲请友备喜宴

中国人特别重视人情往来，喜庆互贺的风气尤为盛行。时至今

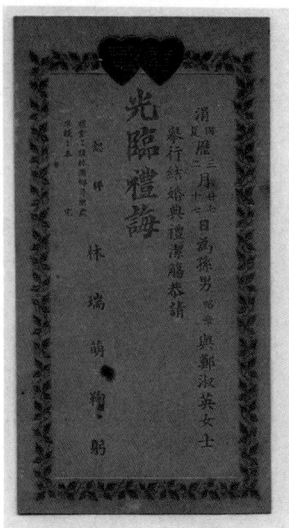

民国时期的婚宴请柬

日，婚礼之事，仍是一个家庭全部社会关系的大检阅、大聚会。通过办喜事，可以检验出一个家庭，乃至这个家庭的主人以及其主要成员的社会关系，即素日交际，甚至是为人处世的情况。

在婚礼过程中，邀亲请友也是一件头等大事。婚庆大事，家家户户都希望宾客满堂，俗称"壮门面"。如果哪家高搭大棚，遍设席座，却无人赏脸赐光，除去吹鼓手、执事和轿夫之外，门可罗雀，那就要丢人现眼了。

一般在"送日子"后不久，男方家开始陆续地将婚期通知亲戚朋友，请他们到时来喝喜酒。请人时，除了请家族内主要成员提供的邀请名单上的人外，还要将距离此次办事最近的红、白礼账拿出来翻阅，从礼账上大体可以看出能有多少号人情，以及这些人近年来与自家交往和过份子的情况。

对于至亲，一般都不下请帖，只须口头邀请即可。其他至友、同事，及一般朋友则须下请帖邀请，以示郑重。下帖一般都是以主婚人（结婚人的家长）的名义。红帖的格式如下："谨詹于×月×日为×儿××完姻，谨备喜筵，敬请阖第光临。"

根据平日的交往情况，有的需要由家长或家中某个成员将请帖亲自给邀请人送上门去，以示诚恳、恭敬。但绝大部分，则是通过亲友转递或让下房仆人送达。

亲友得到通知之后，纷纷赶来送喜礼。在有些地方，向男家送喜礼称为"送饭"，向女家送喜礼叫做"填箱"，亦称"添花粉"。给男方送喜礼，大都在喜日前十天左右。喜事礼品庞杂多样，尤其是给嫁女添妆填箱的东西，上至绫罗绸缎、金银首饰，下至脂粉头油、荷包手帕。但一般通用的喜庆礼品，仍有其固定的套路。

喜礼当中，有直接送现金的，俗称"看喜钱"。礼钱一般用红纸封成包，或用红封套装上，封套外边正中贴一红签，贺婚娶就写

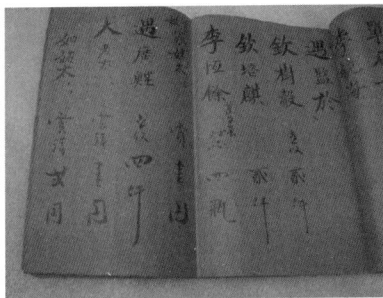

旧时，那些有男婚女嫁的人家都要把亲朋邻里所送喜礼的数量记录在喜礼簿上，以备日后还礼

"喜敬×元"，贺嫁女则书"奁敬×元"或"添妆×元"，封套的左下角写送礼人的称谓和姓名。一般都不写上款。

也有一些地区讲究送"色"礼，即一对鸡，一对鱼，一刀肉（8斤为佳），一个肘子（7斤为佳），2斤粉皮等，都可算作一"色"礼。

除了送礼金和"色礼"之外，送喜幛在过去也比较常见。喜幛，又称"贺幛"，多系全红色的，故而给办喜事的人家送幛子，谓之"挂红"。喜幛的质料不一，常见的有红绸、红缎等。尺寸最小的为六尺，中堂的为八尺，大的可至一丈二尺。

喜幛一般是送给男方家长的，抬头写"××大人令郎花烛之喜"，幛心写"天作之合""鸾凤合鸣""龙凤呈祥"之类的颂词，落款写"××贺"。

喜礼的价值因时而异，礼品一般都追随时尚，关系的亲疏也会影响喜礼价值的多少。袜子、衣料、毯子等等，都曾作为喜礼被送到新郎家里。一般民间办喜事，门上并不十分紧，远近街坊、大人小孩虽不出份子，但在结婚之日也都赶来凑热闹，一挤就是半院子。本家从来不烦，更不往外撵，有的家主还认为这是给他捧场子。对于穷人不出份子，白吃蹭席的，也不太介意。

旧时，婚宴场地的安排不像今天这般省心，可以由酒店全部代劳。过去的婚宴场地大都安排在家里，因为一般宾朋较多，本家居室很难容下，所以宴席往往分散布置在街坊邻里家中。若以后街坊邻里哪家遇红白喜事，本家也义不容辞地提供宴席场地，并以此为荣。这种彼此互助设宴的方式，我国民间盛行了很长时间。时至今日，我国部分农村地区仍沿袭这一习俗。

过去，在我国南北各地均有搭喜棚的习俗。喜棚主要是用来设宴招待来贺的亲友，故又谓"酒棚"。

喜棚，一般在迎亲前一两天就要请棚匠搭制好。喜棚的形式、大小，是根据办事的规模和自家住宅的格局来决定的，一般都搭制在自家院子里。有的人家院子小，或住的是临街的铺面房，没有院子，他们会将喜棚搭在门外的便道上。婚庆大事，即使暂时有碍一点交通，左邻右舍也都不会去计较。

那些需要搭喜棚的人家，往往在婚礼前几日就将棚匠师傅请到家里做活

普通的喜棚，是用布或芦席搭成的平棚。最讲究的喜棚是两层或三层楼阁式的，多用于豪华型的盛大婚礼。另外，喜棚按季节分为两种：一种是夏天的凉棚，高大的喜棚上安有大型卷窗，根据需要，随时可以用绳子拉卷，以便通风。棚顶的四周饰以各种彩色的挂檐。另一种是冬天的暖棚，每个棚里用砖临时砌一两个火池子，生上煤炭，火力极旺，完全可以使棚内保持一定的温度。棚的出入口之处，设有"避风阁"，可以避风。

无论凉棚还是暖棚，棚口和大门都要饰以红、黄两色或红、绿两色彩球。有的则用红、黄、绿三色，取"连中三元"之意。讲究的，还要搭上以红、黄、绿三色为主要颜色的花牌楼。

喜宴的完美与否，与厨师的手艺也有很大的关系

厨师手艺的好赖，将直接影响到宾朋的兴致，因此，主家对厨师的选择一般要经过再三斟酌。在农村地区，主厨多由主家或亲友中精于厨艺的妇女担任，几名手脚勤快的妇女给她打下手。有的人家会雇请专业的厨师。

这些厨师都是按民间传统酒席

做菜，酒席标准也要参照普通家庭标准，很少搞特殊。如果喜日子这天结婚的人家多，则要提前几个月预定厨师。厨师要在婚期前三四天开出菜单，主家安排族人去集市或城镇去采购，也有厨师亲自帮着去买菜的。菜买来之后，厨师带着帮手、徒弟提前两三天开始"破菜"、支炉灶、过油酥菜、溜菜，等等。过去没有冰箱、冷柜等电器，碰上热天，买的菜要用井水降温，或放在阴凉的地窖里储存。

◎ 备好花轿抬佳人

旧时，男女结婚时，男方必须用花轿迎亲。花轿，亦称"喜轿"。花轿主要分为两部分，一是轿顶，二是轿厢，均装饰华丽。轿顶一般装饰有喜鹊、凤凰或八仙等绣品图案，迎风招展，非常惹眼。轿厢的四周罩以红色的轿帷，轿帷的选材非常讲究，一般都选红色绫罗绸缎等丝织品，上面绣有各色吉祥图案，如"龙凤呈祥""鸾凤合鸣""百鸟朝凤""麒麟送子""百子图""凤凰戏牡丹""五狮同居"等。就连轿杠都是用红漆刷的，极具喜庆色彩。因此，民间又称之为"大红花轿"。

轿子，原名"舆"，最早见于汉代司马迁撰写的《史记》。两晋时期，盛行肩舆，即用人抬的轿子。到了五代时期，始有"轿"之名，当时主要用于官府，是封建时代官员出巡的交通工具，故称为"官轿"。根据官员级别的大小，轿子也有明显的区别，普通百姓不得擅用。隋朝建立科举制度后，为彰显对人才的重视，对考中的举人、进士都用轿子迎接，从而使轿子这种交通工具的地位愈加尊贵。

宋代以前，娶亲多用畜力车。傧相引新娘上车后，新郎执鞭策马赶车，绕车三周后，驶回男家。到了宋代，在迎娶仪式上，人们开始以轿代畜力车。关于花轿娶亲这个

旧时,中国传统婚礼多用大红花轿迎娶新娘

相传，花轿迎亲的习俗是由宋高宗赵构创立的

习俗的由来，在我国民间还流传着这样一个故事：

相传在北宋末年，金兵攻陷汴京，俘虏了徽、钦二帝。宋钦宗的九弟康王赵构在商丘宣布即位，史称"宋高宗"。

宋高宗登基不久，为了逃避金人就向宁波方向而去，途中遇到金兵拦截，冲出重围之后发现就剩下他一个人。正在惊慌的时候，不料又被一队金兵游哨发现，拍马追来。幸亏他的马快，跑了一阵便与追兵拉开了距离。谁知再往前行，他却被一片湖水挡住了去路。走投无路之际，他看见湖边有个浣纱的村姑。村姑对他说："这里水浅，相公快快下去，只管仰着鼻孔透气，我自有办法救你。"

宋高宗按其指点行事，那村姑旋即将手里的白纱迎风一抖，撒向湖面，那白纱飘飘洒洒，正好把他全部遮住了。金兵追来时，村姑胡乱给他们指了一个方向。金兵走远之后，村姑收起纱，将浑身湿透的高宗拉上岸。

两年后，东逃西窜的宋高宗总算依赖韩世忠、岳飞打了几场胜仗，把金军逐出了江北，这才在临安（今杭州）站稳了脚跟。之后，宋高宗传旨宁波府，寻找当年搭救他的女子，但是一无所获。

后来，宋高宗为了表达感激之情，下了一道圣旨：今后凡是宁波女子出嫁，特许乘坐四人抬的轿子。以后民间纷纷仿效，花轿迎亲的风俗便流传开来。

这种说法是否真实，已无从考证。但自宋代起，我国民间开始以花轿迎亲是毋庸置疑的。此后，历代沿袭成俗，直至民国后期。

花轿迎亲享有一定"特权"的现象，也是真实存在的。旧时，人们将结婚一事，视为考取了举人、进士一样荣耀，称之为"小登科"，新郎则被美称为"新郎官"。迎娶仪仗沿街吹吹打打，等于游

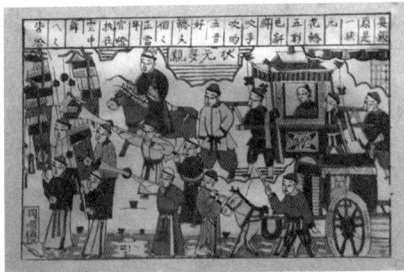

山东潍坊民间年画《状元娶亲》

街夸官。如果有官员出巡的官轿与娶亲的花轿在街头相遇，一般都要给花轿让路。而在平时，平民百姓乘坐的二人抬的青布小轿以及车马，都必须给官轿让路。

花轿迎亲，不仅仅是交通上的需要，更重要的是它有一种象征意义，含有"明媒正娶，原配夫人"之意。

所以，古代女性一生最多只能坐一次花轿。俗话"大姑娘坐轿——头一遭"，说的就是这个意思。男女双方都是初婚，迎亲时一定要用花轿。

但是，封建时代是个以男子为中心的社会，故结婚用轿多以男子新婚为标准，续妻、纳妾一般都不用花轿。对再嫁的寡妇来说，最多只能坐"棉轿"。棉轿就像一把大藤椅，两根青色竹竿穿过轿子的两侧，四周围以青布帘，座位上放置一条棉薄毯，显得极为寒酸。

因此，在旧时的迎娶仪式中，无论贫富，都要雇请花轿。贫富之间的差距，一般表现在花轿的数量和仪仗的排场上。普通人家一般只用一乘轿子，由4名轿夫合抬的，称为"四抬花轿"；由8名轿夫合抬的，称为"八抬大轿"。

虽说只有一乘轿子，但仪仗和鼓乐仍然必备。一乘轿子所用仪仗的配备，一般是这样的：最前两个打旗的兼打锣，所谓开道锣；紧跟两个吹号筒的，再后面是八面大鼓，一对吹唢呐的，一对打九音锣的，讲究的还加上细乐器笙、笛等；然后是一对掌伞，一对红伞，最后就是轿子。

家境殷实的人家娶亲，多用三乘，甚至五乘轿子，一红两绿，或一红四绿，花轿由8人合

在旧时传统婚礼上，与花轿配合使用的部分执事

抬，绿轿则都是由4人合抬。其仪仗配备，在上述行列前还加有金瓜斧钺朝天蹬、飞虎旗、肃静回避牌等。

民间用的喜轿、执事都是从喜轿铺租赁来的，不是一家一户专用的礼仪用品，而是社会上各家各户共同使用的礼仪用品，据说不免要带来"妖邪""外祟"。就是那些轿片、伞片，也是别人家用过的东西，因此也是不洁不净的，所以应在迎娶新人之前，把喜轿、执事统统摆在光天化日之下进行晾晒，目的在于"净化"礼仪用物，以取吉利。这一习俗被称为"亮轿"，亦称"晾轿"。

娶亲无论贫富，都有"亮轿""亮执事"的举动，其规模和形式，视本家的经济情况和当事人的主张来决定。有在迎娶前三天就"亮"的，有在前两天"亮"的，有在头天"亮"的。还有在当天早上"亮"的。"亮"的地点也不尽一致，大宅门通常"亮"在"仪门"（垂花门）之前，也有"亮"在院里甬路两旁的。

一般平民家，或居住条件不太好的，只能"亮"在大门前。有的居住条件并不差，要求亮轿、亮执事于大门之外，为的是让街坊邻里看一看这个气势和排场。

在旧时的天津一带，备好花轿之后，除了亮轿、亮执事之外，还有"转轿"的仪式，十分热闹。

当花轿四周的灯烛全都点亮后，吹鼓手齐奏天津大乐《花得胜》，一队打扮漂亮的小男孩围着花轿一边转一边唱。到了夜间，吹鼓手们还要坐吹大乐，一直吹到五更天明，主家则需要给他们准备烧饼、面汤等夜宵。天津民间曾有这样一句歇后语："吹鼓手喝面汤——心里有准了。"

亮轿与亮执事，是一种趋吉避邪的习俗

娶亲是人生大事，礼仪繁多，耗资巨大，民间称为"公事"，意为众人之事、大家之事。由于"公事"场面大，事务繁杂，为了使婚礼能够有条不紊地举行，男女两家必须请人来帮忙。这一点，男方家尤为繁琐，除了轿夫、厨

民国时期的部分婚礼执喜人胸花标识

师、鼓乐仪仗队伍之外，执喜人员和迎亲太太是必不可少的。

执喜人员多少，根据场面的大小而定，一般十几人至几十人不等，其职责主要是抬、送嫁妆，帮助请、送客人，帮厨、上菜等。执喜的人员，要在邻居和村中有办事能力的人中选定。执喜人当中，要有一个总指挥，负责整个场面的安排、人员调度，主持全盘事物，称为"大总管"。为了与办丧事的总管相区别，亦称"红总""执客"或"大执客"。

"大总管"，多是由见多识广、懂得相关礼仪、深谙人情世故及待人接物之道，且有较高威信的长者担任。婚事办得是否上档次，是否红火热闹，主家花钱多少是否得当，亲家宾客是否满意，礼仪是否周到，全由"大总管"的能力大小决定。因而，高水平的"大总管"在乡间总是很受尊敬，也总是很忙。

男方家请的"迎亲太太"和女方家请的"送亲太太"，统称为"全福太太"。全福太太，指上有父母和丈夫，下是儿女双全的妇人。按民间婚俗礼仪，婚礼上必须有全福太太照料诸多事项，以求新婚夫妇未来吉祥如意。

在传统婚姻礼仪中，全福太太是一个非常重要的角色。女方家还要确定"送客"的人选。"送客"，亦称"大客"或"贵客"，代表着女方的门第和声望。

为了光耀门庭，一般在有地位、有文才的伯父、叔父、舅父、姑夫、姨夫或堂兄、表兄中挑选两位或四位担任。如山东沂蒙一带，严格限定由新娘的舅父、伯父和叔父当"送客"。一般是母亲的兄弟、父亲的兄弟中各出一人，若舅父、伯父、叔父已去世，则由其长子代行。

◎十里红妆女儿梦

"全福人"在为待嫁女缝制嫁衣

女方的备喜工作，主要是准备嫁妆。嫁妆，古称"妆奁"，原指女子梳妆用的镜匣，在这里则泛指女家配送给出嫁女儿的一应兼备的实用性和礼仪性的物品，故又叫"陪奁"或"陪嫁"。

结婚嫁妆的多少，在古代将直接决定一名女子日后在婆家的地位。嫁妆丰厚，公婆自然欢喜；反之，新媳妇在夫家的日子会很难过，往往被其家庭成员看不起。所以，古代再穷的人家在嫁女儿时，也会准备一份体面的嫁妆，以让女儿在婆家能抬起头来。

因此，在我国民间才会有"闺女出嫁满屋空，儿娶媳妇满堂红"和"陪送不尽的闺女过不尽的年"的说法。

陪送嫁妆这一习俗，在我国民间有着十分古老的历史。从史料来看，这一习俗至迟在春秋时期就已经出现了。《左传·哀公十一年》记载："辕颇为司徒，赋封田以嫁公女。"意思是说，鲁国大夫辕颇在担任司徒一职（相当于今天国家土地资源部部长）时，对封邑内的土地征收赋税，用来作为鲁哀公女儿的嫁资。

那时候，不单诸侯嫁女有结婚嫁妆，民间也已经普及。中国最早的诗歌总集《诗经》中，有一首反映卫风的诗歌《氓》，里面提到卫国女子出嫁时的情形："以尔车来，以我贿迁。"这是女子对其未婚夫说的，大概的意思是，你驾着马车快来吧，我带着嫁妆到你家去。随后的战国时期，嫁女要陪送嫁妆已经成为极为普遍的社会风气。

到了汉代时，甚至连女子嫁给皇帝当皇后或妃子，都要置办一套嫁妆。当然，她们家置办嫁妆的花

首饰盒

费大概最终都是由皇家来"埋单"，因为根据古礼，皇帝娶亲，同样要给老丈人家一笔丰厚的聘礼。

据唐代房玄龄等人合著的《晋书》记载，西汉初年的刘姓皇家有这样一个规定："聘后黄金二百斤，马十二匹；夫人金五十斤，马四匹。"但在大多数时候，实际开支要大大超过此标准。如汉惠帝刘盈娶鲁元公主时，"黄金两万斤，马十二匹"。

旧时，富裕人家父母为女儿出嫁打制的金手镯

上行下效，民间"厚嫁"与"重聘"之风，也是愈演愈烈。因为嫁资、聘礼不菲，动辄多得惊人，有的朝代甚至借此开辟新税种，收取"嫁妆税"。如五代十国时期的后蜀，就曾征收过"嫁妆税"。因为"厚嫁"和"重聘"，古代好多穷人家的女儿无法及时出嫁，男子娶不起媳妇的现象也很常见。

因此，在旧时，女子自打一生下来就要积攒嫁妆钱。南宋时期的进士袁采在《袁氏世范》中还就此告诫世人："至于养女，亦当早为储蓄衣衾、妆奁之具，及至遣嫁，乃不费力。"有的人家因为没有准备，到女儿出嫁时一时拿不出钱来，只好向亲朋借钱，给女儿置办嫁妆。如宋代文学家苏东坡，在出嫁由其照料的外甥女时，便借了朋友200贯钱，用以置办嫁妆。

由于嫁妆的多寡已经成为衡量嫁女之家地位和财富的标准，所以为了彰显家族的"体面"，那些有直接或间接关系的亲朋好友们，都会在嫁妆的备办上赞助一下。故而，嫁妆的来源又可区分为两个部分，一部分出自自家的积蓄与采办，俗称"攒妆"，即自家积攒起来的意思；另一部分来自亲朋好友的赠送，谓之"填箱"或"添妆"。

新娘的至亲，如已经出嫁的姐姐和姑妈、姨妈、舅舅、叔伯等人，赠送的礼物要稍微贵重一点，通常会包含一定的钱币，俗称"压箱钱"或"压柜钱"。根据中国传统习俗来说，这也是一种吉祥的预兆，代表男女双方在结婚之前就已经有了积蓄。

亲友送来礼物之后，装箱、摆盒的工作往往是由临嫁女和自己的嫂子共同完成。嫂子一边装箱摆盒，一边向临嫁的小姑传授婚仪、房事知识及新妇之道等。

有些地方，在"装箱"之前，先由姑、姨、婶子或大娘用红纸捻沾油，然后点燃，将箱、柜等依次照过，意思是驱邪除恶，接着把要带的东西装好，并用封条封住。

尽管"十里红妆"是每个待嫁女子的梦想，然而对于大部分女性来说，它都是遥不可及的。嫁妆数量的多寡，与所处家庭的经济情况有着紧密的关系。由于贫富差距，嫁妆的品种与数量也存在较大的差异。旧时，对嫁妆数量的流行叫法叫"×抬"，那时候没

陪送的脸盆架

有现在的汽车运输，嫁妆都是人工抬到婆家的，故有此说。

豪门势族的嫁妆往往极尽奢华，至少百余抬。房产、田地、商号店铺、奴仆丫鬟、金银珠宝，以及成套的红木家具、古董摆设、绸缎皮草、衣衾细软、各类器皿等等，应有尽有。中层人家给女儿置办的嫁妆，一般是二十四抬、三十六抬或四十八抬。

普通人家，多为十二抬、十六抬，至于那些较为贫困的人家便没有"抬"了，只是雇扛夫用肩扛过去即可。

旧时，婚礼陪嫁的品种，通常包括以下几大类：一是家具类，如内放四季衣服、鞋帽的木箱子，此外还有三条案、八仙桌、梳妆台等日常家具；二是床上用品，如红绿被褥、绣花枕头、帐幔、床帘，以及各式门帘、窗帘、椅帔、凳套等；摆设器皿类，包括花瓶、果盘、果

陪送的高档雕花折叠式梳妆镜箱

中国传统记忆丛书

图说 老婚俗

盒、盆景、挂屏、帽筒等；梳妆盥洗器具类，如镜子、梳篦、头针、花粉胭脂、脚盆、脸盆、浴盆、净桶（马桶），等等。无论家境贫富，喜被、灯烛和净桶是必不可缺的。

在旧时的婚礼中，喜被是嫁妆的一大亮点，甚至在很多人的眼里，它为贫富的标志。所以，男女双方做被褥也都极尽其能。其数目亦有讲究，如双铺双盖，谓之"双喜"；四铺四盖谓之"四平"；六铺六盖叫"六六顺"；八铺八盖谓之"八稳"；更有富裕者做十铺十盖，寓意"十全十美"。

缝喜被有不少讲究，自家人不能动手缝制，须请来街坊邻居帮忙，街坊邻人还必须是"全人"。所谓"全人"，就是有儿有女、夫妻和睦的妇女。喜被一定要用新布新棉花，里外三面新。缝制喜被的日期也有一定的讲究，不能单月单日，否则新人以后会丧偶不成双。据说九月缝喜被会冲犯"九女星"，新娘要一连生九个女儿才能生男孩。如果实在避不开九月，则要在被角放一些九月菊花以避讳。

缝好了的喜被，一定要用红布包起来待出嫁之日用。没出嫁前是不能乱盖的。最有意思的是拴在被子里的小玩意儿，一般都放在被角处，有花生、大枣、栗子、桂圆，还有几枚硬币，含有"早生贵子"之寓意。

旧时,女子出嫁时陪送的喜被

在我国部分地区还流行着喜被一头敞口不缝的习俗，说是留作钻小孩用的，还有的只把新被中间一道引线缝上，其余引线留给新娘在喜日后第二天来做。这样做，据说是为了考验一下新娘子的针线活和教育新媳妇要勤快。

灯烛，俗称"长命灯"或"长明灯"，寄托着夫妻恩爱、白头偕老的美好愿望。

净桶，即马桶，在我国民间婚姻礼仪中被称为"子孙桶"。人们何以对马桶如此留恋不舍呢？马桶何以要被冠以"子孙"两字呢？这里面可大有文章哩。

据人类学家的考察研究，人类分娩时的体位是随着人类文明程度的不断提高而逐渐发生变化的。据说，远古时代妇女是采取站立体位来分娩孩子的。分娩妇女叉开两腿而立，两手则攀拉着树枝或绳索之类的东西，以增加顺利产下婴儿的力量。现在妇女分娩，大多采用卧位。而从站式分娩到卧式分娩这个漫长的发展过程中，坐或蹲，是妇女分娩普遍采用的体位。

描金"子孙桶"

看来，那桶不只是便溺器具，它还跟生育有着这样一段渊源。这也就难怪人们要在马桶前冠以"子孙"两个字了。

在送嫁妆的时候，子孙桶里面要放上枣子、花生、桂圆、莲子等干果，寓意"早生贵子"和"多子多福"。还有的地区会在里面放上5个鸡蛋，象征"五子登科"，等等。"子孙桶"，一般是专门由娘家兄弟在新娘进门之前拎进洞房。

有的地方，是请一个模样俊秀的小男孩背着，跟着抬嫁妆的队伍一起走。到了男家之后，依各地习俗又有不同的对待方式：有的地方是男家再请一个健康活泼的男孩揭开马桶盖，取出桶内的"彩头"，然后朝里面撒一泡尿，象征新婚夫妇头胎即生男孩；有的地方是男家收下此桶后，请一女厨用烧沸的肉汁来洗涮，谓之"百子汤"，还得付给涮桶人喜钱，据说这样做可兆多子多福。

在我国民间，由于风俗习惯和地理环境的差异，在嫁妆上也存在着一些有趣的现象。过去，陕南一带盛产腌菜，尤以巴山地区的腌菜最为有名。因此，当地人有姑娘出嫁时，腌菜是必备的嫁妆，故人们又称之为"嫁妆腌菜"。

在这些地区曾流传这样一句俚语："嫁妆没腌菜，姑娘头难

日后，妇女分娩需要用到的红脚盆。

为出嫁女子陪嫁的花雕

抬"。因此，这里的姑娘长到十七八岁时，做母亲的就开始为女儿制作、储备"嫁妆腌菜"。腌菜的品种越多，姑娘出嫁时越显得荣耀。

浙江绍兴地区的习俗，女儿出生不久，便选用精白糯米、优良麦曲等酿酒数坛封好，并请画匠在坛子上精心彩绘山水花鸟、亭台楼阁或寿星仙鹤等图案，名曰"花雕"，又称"女儿酒"或"女酒"，然后藏在地窖中。等到女儿出嫁时，这几坛花雕便是送奁队伍中最引人注目的陪嫁。正婚宴席上，男家就用此酒款待贺客。

京山一带陪嫁，除了家居用品之外，还流行陪送风车、水车、锄、镰、耙等农具。豫东、淮北一带的抬嫁妆队伍里，总是少不了一个娃娃怀抱一雌一雄一对"喜鸡"。

按规矩，要把这对陪嫁鸡精心喂养到老死，把它们同葬一棵树下，象征着新婚夫妇生则同衾、死则同穴的恩爱之情，故它们又名"长命鸡"。浙江金华、东阳一带，在陪嫁的物品当中，还有数棵"子孙竹"。所谓"子孙竹"，就

清末,女子出嫁时的陪嫁衣服

是几棵光滑挺拔的翠竹，在送嫁妆的时候，由媒人肩扛着，在前领路，浩浩荡荡地前往男家。

◎早催妆，晚嫁妆

女方家准备好嫁妆之后，需要在迎娶之前将嫁妆送往男方家。传统婚姻礼仪将这一程序称为"送妆"。不过，在很多地方有这样一种说法，嫁妆不能称"送"，以避"送上门的货不值钱"之忌，故称

这幅老照片所表现的,是清末民间婚礼抬嫁妆的情景

为"发嫁妆"。

有许多地区则是由男方出人亲自到女方家抬,称之为"抬嫁妆"。旧时,抬嫁妆的时间大都定在迎娶前一天的下午。据北宋欧阳忞编撰的《舆地广记》记载:"娶前一日,女方去妆。"清代文人昭梿撰写的《啸亭杂录》也记载:"既定婚期,前一日女家赠妆奁嫁资。"

时至今日,我国民间抬嫁妆的时间,仍按此俗办理。不管是送嫁妆还是抬嫁妆,按照旧俗,此前都要先行"催妆"之礼。催妆礼,顾名思义就是催促女方抓紧时间做好出嫁的准备,同时也顺便了解一下女方婚礼当日的宾客数目,以便提前做好准备。

古代催妆礼的起源,据说与北方游牧民族有关。据唐代段成式撰写的《酉阳杂俎》记载,这道程序最早是由北方游牧民族带到中原的习俗,具体流程为:新娘子在自家门前临时的青布幔帐篷内打扮化妆,然后新郎带领一群人簇拥着车子赶来,一起在帐篷外大声呼喊:"新娘子,催出来!新娘子,催出来!"一直喊到新娘子从帐篷里走出登上彩车为止。后来,这个并没有被列入"六礼"中的少数民族风俗被汉族婚俗吸收了。

催妆含有两重意义:一个是催新人上妆,准备登轿;另一个是催嫁妆出发,别误"吉时"。后来,人们均把它单独理解成催嫁妆出发了。

虽然行催妆礼的日期和内容各地不尽相同,但是催妆日期一般都是在迎娶前三天或者前一天的早晨。宋代吴自牧《梦粱录》记载了当时的催妆礼:"先三日,男家送催妆花髻、销金盖头、五男二女花扇、花粉盝、洗项、画彩钱果之类。"

自清末民初以后,我国民间行催妆礼的时间,大都定在迎娶前一日的早晨。老北京的"催妆礼",是由男方雇人抬着送去的。

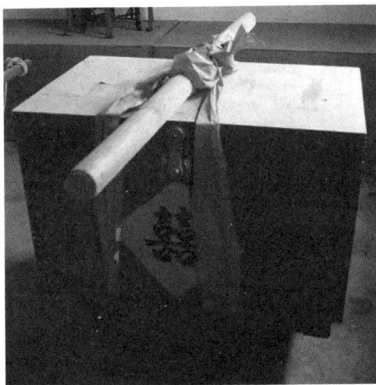
过去的结婚陪嫁衣箱

除了给新娘子上妆的胭脂花粉之外，还有成套做工精美的食盒，里面装有干切面、年糕点心、猪肉羊肉、干鲜果品，富裕的家庭还会放活鸡、活鸭、鲜鱼、鲜肉等。肉是所谓的"离娘肉"，年糕则被附会成"年年登高"，实际上是谢妆的一种形式。

凡是举行过催妆仪式的，嫁妆送到男方家之后，男方即不再回到女方家举行谢妆仪式。两者不能并行。

山东潍坊一带下催妆的礼物主要是肘子肉16斤（分两块）、鸡2只、鱼4条、面粉一传盘，以及新娘化妆、开脸等用品。上述礼品用两抬大食盒，铺上红纸，由主家专人带领，分别由4名男青年抬着送到女家。借此，男方要向女方讲明迎娶时的往返路线等有关的具体事项。

因此，一些嫁妆丰厚且又喜欢张扬的人家，送妆时要请一班鼓乐吹奏。有唢呐、笛子、笙、水镲各一对，大铜鼓、锣各一面。这与迎娶时所用的鼓乐不一样，没有八面大鼓和号筒之类的重型打击乐，因此吹奏起来清雅悦耳。送嫁妆的队伍走在街上，不少人品头论足，一看嫁妆多少、物品等级就知道被聘姑娘的家境如何。

有些地方的习俗，嫁妆的箱、柜需要贴上封条。本家以三尺长，二寸宽的顺红纸条，在最上端书"喜"字，最底下则写一"封"字，贴成"×"字形，务将铜锁盖住。说是怕"外祟妖邪"侵扰，实际上是一种在送妆途中的防盗措施。

过去结婚行催妆礼时，专门用来盛放礼品的食盒

小件嫁妆，如桌面上的摆设和用具，一律放在"嫁妆托子"上，由抬夫在头天用红绳袢牢，固定在一定的位置上，当抬起走动的时候，不致晃动错位，以防坠落摔毁。所谓"嫁妆托子"，是喜轿铺特制的送妆工具，颇有特色。它呈长方形，金漆雕花，四周有雕花栏

嫁妆托子

杆，下面是圆腿，围以红布，两侧串上抬杆。行进时，抬夫们用双肩或双手抬行，犹如小轿。

木器家具，如顶箱、立柜之类的大件，则用一种红漆金头的所谓"寿杠"袢在嫁妆上，八个人一抬；八仙桌、琴桌、圆桌之类的小件木器，则为四人或二人抬。

为渲染喜庆气氛，无论大小件，一律贴上红色剪纸的喜字。临出发之前，在每一抬"栏杆桌"上的空隙处，均洒上桂圆、荔枝、花生、栗子、大枣等喜果。

若男方派人亲自去抬，所去的人数必须是双数。届时，女方家有人在村外接应。抬嫁妆时，新娘一般要回避，不能和婆家人见面。旧时，上海浦东一带抬嫁妆的习俗就非常有趣：

抬嫁妆的青年小伙们，拿着贴有"囍"字的杠子和扁担到达女方家之后，必须听从女方父兄的指挥，如抬嫁妆的工具要放在固定的位置。此时，女方家会假装"生气"而不发妆。

男家抬嫁妆者则一边敲锣，一边放鞭炮，不停地"催妆"。这样，便吸引来更多看光景的，使女方家感到很有面子。僵持大约一

喜气洋洋抬嫁妆

个时辰左右，新娘哥哥征得妹妹同意后开始发妆：先发马桶，再发喜被，其他物件则随意。这时，迎妆者站在门外，至多也只能踏进一只脚在门槛里接妆，以免有"抢妆"之嫌。至于先发马

中国传统记忆丛书

图说
老婚俗

桶，就是为了预祝新人在新婚之后瓜瓞绵绵、子孙繁衍。

接到嫁妆之后，男家的小伙们一路挑回去，半途不能停歇。有的从女方家出来之后，还必须朝东或朝南方向小跑一阵，称之"兜青龙"，习俗认为如此大吉大利。

等到嫁妆抬送到男方家，男方会派遣亲友到外面"迎妆"。迎妆时，也要鼓乐齐鸣，并且引导送嫁妆或抬嫁妆的人群来到男家门前。接着就该"安妆"了，一般都是由女方家的亲戚手里拿着嫁妆清单，把具体的嫁妆名称逐一念出。每念完一项，男家请来的人就往家里抬一样。

从清代佚名画家所绘的这幅光绪皇帝《大婚图》中皇后的嫁妆队伍，可以看出古代帝王贵族的婚礼之奢华

报单结束以后，报单人将清单和家具钥匙一同交给新郎，再向主婚人道喜。实际上，这乃妆奁的交接仪式。

男家接收嫁妆以后，按照惯例"谢妆"，即设宴款待护送嫁妆而来的女方亲朋好友。还要"赏钱"，即给男女双方雇请来的劳力赏钱。

◎铺床、压床与挂门帘

"谢妆"之后，就意味着迎娶前一天的礼仪和庆祝活动结束了。但接下来仍有几个细节，是传统婚礼所不可缺少的。"铺床"习俗，便是其中之一。

铺床，也称为"铺房""安床"等，是一种于结婚前一天在男

铺好新床,等待新娘进门

家举行的仪式。铺床习俗虽然不见于古代婚礼程序的"六礼"之中,但在完婚之前为一对新人准备好安寝之处,也是人之常情。

据史料记载,此礼至迟在唐代就已经流行了。在甘肃敦煌出土的唐代卷子上的"婚事程式"记载:"女家铺设帐仪,几成礼,帐须在宅上西南吉地。"由此可见,新婚床帐放在新房中的哪个方位都有讲究。

这个习俗自唐代兴起后,到宋代已是蔚然成风,连严循古礼比较守旧的司马光也认为此风俗"不可废也"。南宋吴自牧在《梦粱录》中记载了当时迎亲前一日铺床的风俗:"女家先往男家铺房,挂帐幔,铺设房奁器具、珠宝首饰等动用之物。以至亲压铺房,备礼前来暖房。又以亲信妇人,与从嫁女使看守房中,不令外人入房。须待新人,方敢纵步往来。"

各地由于风俗习惯的差异,在铺床时间与人选上也有差异,但大多数地区,都是在迎亲之前将喜床铺设好。这项任务,通常是由女方家护送嫁妆而来的"送亲太太"和男方家的人共同完成。有些地区,则是由男方家的"迎亲太太",或其他人来铺床。例如山东的青岛、潍坊等地,都是由大伯哥和嫂子来铺床。

铺床时还要一问一答,唱着喜歌:

"床上铺的是什么?"

"是豆秸——养活儿子中秀才。"

"床上铺的是什么?"

"是麦穰———一代一个状元郎。"

……

歌谣表达了人们对后代所寄予的期望。山东枣庄地区铺床的材料是秫秸、谷草杆、豆秸等,秫秸要一顺头铺,不能折断,叫作"一顺百顺"。而且故意将床铺得高低不平,然后放上红席,其用意是不能让新人贪图安逸,要勤劳早起。

在豫南商城、光山一带，铺好床之后，还要在4个床角放4个鸡蛋或4个萝卜，预示着新媳妇将生4个儿子。鸡蛋、萝卜头子都是男性生殖器的暗喻，虽然粗俗了些，但意义表达准确、直接。

喜床铺好之后，接着要"滚喜床"，即找一个两三岁的小男孩，最好是新郎的晚辈，如侄子、外甥等，由一位妇女抱到喜床上，满床乱滚，大家跟着一齐引逗，笑闹。兴致过后，再把小孩抱下来。滚床的目的，是希望新娘嫁过来后当年就能生个大胖小子。

童子压床

铺好的新床当晚不能空，一般是新郎请一个或者两个弟弟和自己一起在新床上就寝，俗称"压床"。

关于新婚前夕压床这个习俗的由来，在我国民间流传着这样一个故事：从前，有一个勤劳善良的年轻人，以砍柴为生。他与老母住在两间草房里。在他新婚前夕，有个瘸腿老乞丐半夜叩门，求借一宿。小伙子怜其孤苦，将他迎进屋里茶饭招待，然后让他和自己同睡。翌日醒来，只见门关得好好的，却没了老乞丐。

小伙子正在诧异之时，忽然听到门外老乞丐唱数来宝，且渐行渐远："俺是散仙铁拐李，谢你小哥有情义；昨晚双压床，今晚坐床喜；生个胖小子，保管有出息……"后来，这户人家果真生了个男孩。此事传开后，大家都说是铁拐李在传授仙术。于是，两男压床求子便成为一种风俗。

当然，压床人也有条件限制，不是任何人随便就能压的。首先，压床的人必须是小于新郎的青年，一般都是自己的亲弟弟，或者叔伯弟弟和姨表弟弟。其次压床人必须是未婚的男青年。因此，被请的压床人都是充满青春气息的少男，他们是纯洁和阳刚的象征。

除了请处男压床之外，有的地方还讲究请四五岁的小男孩压床。这个压床的男孩与压轿的男孩一样，都是新娘婚后生育的象征。如果男孩在压床的时候，不小心把尿撒在新床上，这是吉利的象征，主家会欣喜若狂，因为民间有这样一种说法："压床尿床，子孙满堂。"

在现代，一对情侣举行过婚礼仪式之后，可以携手到外地度蜜月。旧时的新人可没有这样的自由，因为从喜日起，一个月内绝对不能空床，也就是说床上每晚必须有人睡在上面。如果新娘在蜜月期间回娘家小住几日，而新郎又因为特殊情况不得不外出一段时间，家人必须找人压床，如小叔子或小姑子。若蜜月期间空床，据说夫妻二人难以白头偕老。时至今日，我国农村的许多地区，仍然沿袭着这一习俗。

民间婚礼中"压床"习俗的起源，据说与"八仙"中的铁拐李有关

在铺床仪式结束之后，还有一些放摆设、挂镜子、套凳套之类的活儿，少不了请男家的女性亲友帮忙。但有一桩活儿，必须由新娘的家人亲手来做，这就是"挂门帘"。

门帘多为红色或粉红色，上面绣着"龙凤呈祥""并蒂莲花""鸳鸯戏水""鱼儿闹莲"等绚丽多姿、寓意吉祥的图案。

"花开富贵"图案镜套

这条门帘，一定要由新娘的弟弟亲自挂。如果新娘没有弟弟，便从娘家的近亲中找一个男孩来挂。在挂门帘的时候，还要唱喜歌。虽然各地所唱的喜歌内容不尽相同，但祝福的寓意是一样的。比如江南一带是这样唱的："上八仙，下八仙，八仙请我挂门帘。上挂门帘生贵子，下挂门帘出状元。"

由于风俗上的差异，各地挂门帘的时间并不一致。大部分地区是在迎

亲前夕，有些地方是在迎亲当天。在新
郎新娘拜堂之时，由新娘的弟弟亲手挂
上去。

关于"挂门帘"这一习俗的起源，
在我国民间还有一个美丽的传说：

相传在西汉元帝时期，匈奴呼韩邪
单于入朝请求和亲。然而，那些公主们
贪恋长安的安逸生活，谁都不肯远嫁大
漠草原。深明大义的宫女王昭君得知
后，自请出塞。汉元帝大喜，马上认她
为义女，并为她的出塞准备了极为丰富

"富贵有余"图案红门帘

的嫁妆，从工业产品、五谷种子、纺织绘画，到首饰衣物、金银财
宝，应有尽有。

临行前，汉元帝召见义女，问她还有什么要求？

王昭君答："听说草原上的人都住毡布包，虽有门可是不挂门
帘，人在外边一眼就能看到屋里，多有不便。请父皇再送我一条门
帘就行了，一来可以为女儿遮挡风寒；二来可睹物思情，看见门帘，
便会念及乡梓。"

汉元帝听了之后颇为感动，他立即传旨，让宫里的裁缝们连夜
做成一条图案艳丽、使用方便的五彩门帘，并叮嘱护送王昭君去塞
外成亲的王子，一定要亲手替公主把门帘挂好。呼韩邪单于见皇上
考虑得如此周到，十分感激，便额外送了一笔厚礼给送嫁的王子。
从此以后，陪嫁门帘便成为民间嫁女的习俗，而且一定要由娘家人
亲自挂上。

那一条条颜色鲜艳美丽的门帘，不仅具有浓浓的喜庆色彩，而
且具有实用功能。过去，人们住的大都是平房，一般是正中间一个
开间，两面各有一个房间与开间相通。父母一般住在右面的房间，
新人住在左面的房间。为了显示喜庆，也为了新娘方便，更为了显
示兄弟姐妹之间没有隔阂（平常一般都不关门），挂上一条门帘方便
出入。因此，结婚挂门帘这一习俗，曾流行于全国大多数地区。

挂门帘的习俗,相传与西汉时期远嫁匈奴的王昭君有关

　　挂完门帘,也为紧张、忙碌的一天拉上了帷幕。鲜艳的门帘,更像是一方"闲人免进"的公告牌,除了全福太太,闲杂人员已被禁止出入洞房。尤其是那些属相与新郎新娘相克,或家事不顺的人,更是被严禁进入洞房,以免给新人带来不吉利。

　　在红色门帘的装扮与遮挡之下,洞房变成了一个神秘的小天地。那一曲浪漫而喜庆的鼓乐,也即将奏响。

第五章：吉日良辰，风情万种

◎发轿的礼俗

迎亲，又称"娶亲"或"迎娶"，是古代婚姻"六礼"中的最后一项，也是仪式程序最为繁琐的一项。迎亲是婚礼的重头戏，新娘被新郎接到家里，这也是婚礼正式开始的序曲。

在中国传统婚姻习俗中，新郎必须亲自到女方家迎娶新娘。中国古代第一部诗歌总集《诗集》中，在描写婚礼时就有"文定厥祥，亲迎于润"的诗句。战国时期儒家经典著作《公羊传》也有记载，当时从天子到庶人皆要行亲迎之礼。

汉代刘向撰写的《列女传》记载了这样一件事情：春秋时期，鲁宣公的女儿伯姬嫁给宋恭公为妻。恭公没有亲自来迎接新娘，伯姬迫于父母之命，跟随迎亲队伍来到了宋国。但因为丈夫没能亲自迎亲，伯姬坚决拒绝与恭公同房。这件事情，也获得了外界的支持。由此可见，即便身为国君，也要依礼迎亲。

等待启程的花轿

古人如此重视迎亲，主要有两个原因：一是出于对婚姻大事的重视，二是以此表达新郎对新娘的爱慕和喜欢。

迎亲时，新郎必须严肃郑重地穿着冠冕公服前往。后世演变，新郎前去迎娶时不仅要穿礼服，而且要衣冠盛饰，整齐鲜洁，披红挂花。如宋代司马光在《温公书仪》中谈及新郎的打扮时说："世俗新婿盛戴花胜，拥蔽其首，殊丈夫之容体，必不得已，且随俗。戴花一两枚，胜一两枚可也。"可见宋代时的新郎是花胜簇面"拥蔽其首"。司马光主张少戴一些，但也必须随俗戴一两枚。

后代新郎迎娶时，虽然不是"花胜簇面"那么繁琐，但一般都身着礼服，斜披红花，有的还簪一两枝花于礼帽上。直至近现代，结婚服饰仍有此风俗。

迎亲，作为整个婚礼过程中最有情趣的环节，在不同时期和不同地区也都存在一些细节上的差异。先秦时期，迎娶时间多在黄昏以后。据唐代杜佑撰写的《通典》记载：周代仪式隆重而繁杂，多在晚上迎娶。迎娶前，父亲向儿子新郎敬酒，新郎穿礼服，乘墨车，从车随往，使者持火炬居前照明。女家父母在宗庙设酒席，并在门外迎接。

热闹非凡的迎亲队伍

后来，有了"吉日良辰"的讲究，就得根据算命先生选定的"良辰"，以及从男家到女家的距离来安排启程的时间了，通常都是在上午。一般是在上午八九点钟发轿。当然，由于各地风俗习惯上的差异，各地发轿迎亲的时间也并非完全统一。比如河南南阳一带，直至解放前夕，民间仍沿袭着夜间娶妻的习俗。再比如西宁一带，旧时娶亲的时辰非常早，冬天在五六点钟，夏天则在四五点钟。

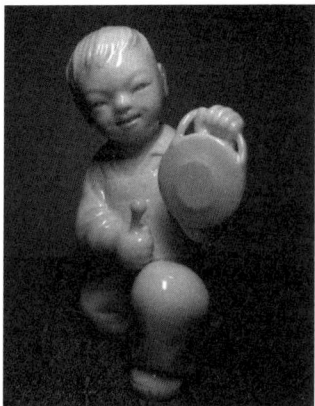

传统婚礼中的响房仪式

迎亲这天早晨，轿夫、鼓乐手，以及帮忙的人都陆续到齐。主家的院里院外喜气洋洋，一派欢乐的景象。吃过喜面之后，迎亲的花轿便开始准备启程。但在启程之前，还要由娶亲太太（全福太太）主持一个"发轿"仪式。

在迎亲的过程中，娶亲太太是男方迎亲仪式的总主持人。关于发轿仪式，不同地区也存在一些差异。一般在人员到齐后，喜轿铺的主事人便请示娶亲太太，何时发轿，忌哪一个属相，是"正响房"还是"倒响房"。

所谓"响房"，是指由一个男童在新房里敲三声锣，意在驱除邪气。正响房是发轿之前敲锣，倒响房是喜轿进门再敲。一般都是倒响房，因为响房以后，新娘进入之前，别人不能进入，怕带进邪气。而正响房由于离新娘进门时间太长，怕有人误入新房。

吉时一到，娶亲太太到天地桌前上香行礼，这时茶房高喊："娶亲太太上香啦！"顿时，鼓乐齐鸣。这时候，两个茶房各托一个茶盘，盘内垫着红绸子。一个茶盘上放的是一本万年历、一面铜镜，还有棉纸灯花一盏、芭兰香一支；另一个茶盘上则摆放着苹果，以及用胭脂染红的桂圆、荔枝、生花生、生栗子、红枣等喜果。

打开轿帘，娶亲太太先点上灯花，用铜镜在轿子里四面、上下一晃，谓之"照轿"，据说是为了"驱邪"。人们认为凡是镜子都有"照妖"的作用，一切"妖邪"都会在它的反射下显出原形，而被驱除出去。然后，再点燃芭兰香在轿子里晃几晃，谓之"薰轿"，说是除一除"煞气"。再将喜果撒在轿子里。

迎亲仪式中所用轿子的数量可多

民间俗信，以铜镜照轿可以驱除凶邪

可少，但只有一乘红色的花轿由新娘乘坐，其余都是绿轿。在南方民间，新郎迎亲时多乘轿前往；而北方民间新郎则多披红戴花，骑着骏马走在花轿前面。但无论南方还是北方，在迎亲的途中，花轿里必须有人乘坐。

旧时,在北方的迎亲队伍当中,新郎多骑高头大马,显得威武潇洒

一般是找一个父母双全的小男孩压轿，俗称"压轿童子"，或称"压轿孩儿"。在轿门上，还要贴上写着"吉星高照"的红符。有的地区，则是娶亲太太盘腿坐在花轿里压轿，但不放轿帘。让男童压轿是祝子，让全福太太压轿是辟邪。有的地区还时兴在轿内置放酒肉米盘，谓之"坐轿肉"。山东民间不少地区，还要在轿子里放上一只大公鸡。

在北京民间婚俗中，压轿童子的手里还提一把茶壶，俗称"提茶壶的"。茶壶之中，装清水少许、豆腐一块，上插蝙蝠形红绒花一朵。因为豆腐与蝙蝠，其中的"腐"和"蝠"二字均与"福"字谐音，所以这两样东西正好象征"双福临门"。

旧时,在迎亲的队伍当中,新郎多乘坐绿色轿子

清末民初时，民间仍十分讲究执事等仪仗。迎亲队伍中打执事的、吹鼓手一律穿绿色号衣，胸前绣有大红"囍"字，褂子长到膝盖处。轿夫们都穿镶红边的蓝大褂，一个个背直头稳，训练有素，给人一

种稳重感。

轿夫在行进中都有一套行话，如右边有障碍物，前边轿夫就说："右门照！"若左边有就说"左门照！"若左边有坑洼之处就说："左脚蹬空"，右边有坑就说"右脚蹬空，还有什么""左脚滑、右脚滑"等等，以保持轿子的平稳。尤其是到了女方家门前时，就得一步步慢慢地挪行。

迎亲队伍最前面是一对开道锣，紧接着是执事和乐队，再后面是红轿、绿轿和车辆。

◎障车拦门

迎亲的队伍一路吹吹打打，热闹异常。然而到达新娘家门前时，女方家不但不列队欢迎，而且还把院门关紧，不允许迎亲人把轿子抬进门，这种习俗被称为"拦门"。而在宋代以前，由于娶亲的工具多用车子，故而这一风俗又称"障车"。

迎亲障车这一习俗，始于唐代。据《封氏闻见记》记载："近代婚嫁，有障车、下婿、却扇及观花烛之事，又有卜地、安帐、并拜堂之礼，上自皇室，下至士庶，莫不皆然。"

由此可见，上至王公贵族，下至平民百姓，都盛行障车的习俗。五代后晋时期刘昫、张昭远等撰写的《唐书》，记载了这样一件事情：

唐中宗李显的女儿安乐公主，在丈夫武崇训死后，与武延秀的关系非常密切，中宗干脆将她许配给武延秀。公主出嫁那天，中宗和皇后只能躲在安福门的城楼上目送女儿出嫁。但中宗委派窦怀贞负责女儿的婚礼，还组织弘文院学士们担任傧相，就在安福门外把迎亲的队伍拦下了。不过，被拦的迎亲队伍并没有付钱，倒是中宗"捐赐金帛不赀"。

中宗和皇后派人障车的目的，显然是表示一种与女儿惜别的依恋之情，希望女儿能够再留一段时间，多看女儿一眼。

中宗为此设计出"障车"的理由和举措，从宫里传出来后，即

迎亲拦门,是一个非常古老的婚俗

被民间所接受,并逐渐成为习俗。"障车",也被作为婚礼中的一个程序或礼制被固定下来。

风俗也会变化,尤其是其本身的含义。天长地久,障车习俗竟转变成为索要财物的风俗;再经过发展,则演变成为乡里无赖勒索财帛的恶俗。为讨个喜庆吉利,男方一般都会高兴地散出一些财物、酒食,以娱众人。可是,这一恶俗却越演越烈,不止小民难以承受,就连士大夫阶层也发出了反对和禁止的呼声。唐睿宗以及后世的唐德宗时期,都曾下令禁断障车。

尽管有许多人反对,甚至政府专门颁布法令制止,但障车之俗在唐代却一直没有消失,进而沿袭至宋代,成为"拦门"之俗。

据《东京梦华录》记载,宋代的"拦门"只是帮工趁喜主家高兴之际,多收取一点小费,不至于对本家造成太大的经济损失。宋代不禁"拦门",后世也不再禁"拦门"。

直到今天,在许多地方的婚礼中,男方前去迎亲时,新郎仍需要给"拦门"的孩童送上一个象征性的红包,才能进门。拦门的孩童,多为新娘的弟弟、妹妹,或侄子、外甥等。

当然,现代的拦门,只是为了给婚礼增加一个喜庆逗乐的插曲罢了,已经没有半点勒索钱财之意。但是,这也应该属于古代"障车拦门"风俗之孑遗。

旧时,当迎亲的队伍吃"闭门羹"之后,吹鼓手便用大杆号对着大门吹上一通,鼓锣敲打一阵,如此重复三遍,谓之"三吹三打",意思是叫女家开门请新郎进去。

吉时将到,照例要由迎亲的官客们叫门,门里门外互相逗话。迎亲的门外喊道:"天不早啦,开门吧,别误吉时!"

送亲的官客在门里问道:"你们是干什么来的?"

"我们是到贵府娶亲的。"

被"阻挡"在新娘家门外的迎亲队伍,必须通过不停地吹奏乐曲来打动对方

"你们都有些什么举动?"

"花红大轿,旗鼓喇号!"

"太好了,那就请你们吹奏一个'赵匡胤打枣'吧!"

鼓手们应声吹奏。随后,迎亲的再去叫门:"礼乐具备啦,开门吧,别误吉时!"

"不行,不行!还得吹一个'炒麻豆腐大咕嘟'!"

双方逗趣的花样繁多。最后,还要吹打一曲《夸得胜》。临要开门时,迎亲的主事人必须随手将事先准备好的几个红纸钱包和茶叶包,从门缝里递到送亲人的手里。

这时候,送亲人才大喊一声:"合意开门!"迅速将门打开,并将铜钱或当时市面流通的硬币向空中一扬,谓之撒"满天星"。顿时,围观的小孩一拥而上,争抢铜钱和喜包。迎亲人随之夺路而进,由送亲人引见,到堂上互相道喜叙坐。迎亲太太与送亲太太略作寒暄,即入闺房,张罗新人的上轿事宜。

开门之后,在西宁等地区还有"拦门盅"的习俗。所谓"拦门盅",就是女方在大门内摆一张条桌当路障,严阵以待。桌子两边有身强力壮的年轻人手执酒壶酒杯,给迎亲者一一敬酒四大盅。谁不吃此酒,休想入内。这些习俗,大概可以视为"抢婚"和"防抢婚"的遗迹吧。

新郎进入女方家之后,有的要拜女方的祖先和家长。新郎稍事休息,女方家便端上酒菜,由送亲客陪着新郎边吃边谈,等候新娘梳妆。山东胶东一带,新郎要吃饺,吃饺子的时候还有规矩:一碗不能吃空,或剩两个或剩四个,不能是单数。这个习俗,一是象征富裕,二是寓意成双成对。有些地方,新郎入席后,谁也不动筷子,因为筷

北方民间在迎亲的过程中,新郎大都要在女方家吃一顿饺子

子本身都用红线捆着。大家彼此说些吉庆话，即告辞离席。新郎在男宾陪同下，回到轿里或车上等待。

"拦门"这一习俗，除了表示女方家人对新娘子离家的不舍之情，以及煞一煞新郎的性子，使其在婚后能够善待新娘之外，还有另外两个实际作用：一个是新娘可以在"拦门"过程中等待命相先生事先算好的上轿吉时；再一个就是给新娘上头、开脸留足时间。

◎ "上头"与"开脸"

外面，催妆仪式正在热闹异常地进行着；屋内，新娘则在忙着梳妆打扮。第一道程序，便是为新娘"上头"。

"上头"，也叫"梳头""上梳""上笄"等，象征一对新人正式步入成人阶段，要组织新家庭，肩负起开枝散叶的使命。

这一习俗，最早源于先秦时期女子的成人礼——笄礼。笄，是古代用来固定头发的首饰，后来也称为"簪"。女子的笄礼和婚姻有着密不可分的联系。《礼记·内则》云："女子十五许嫁，笄而字。"意思是说，到了15岁，女子就可以定下婚约了。到了及笄之年，女子们便在深闺中等待男家的迎娶。女子的母亲或者女性亲戚如伯母、婶娘等，会亲自主持这一仪式。为了纪念这个隆重的时刻，家族还要请来宾客们为之祝福。

新娘在上头时用的蝴蝶簪

随着时代的发展，各个朝代对及笄礼的年龄要求有了变化。女子的及笄礼也不一定非要局限在15岁，一般是在婚约敲定下来以后执行，最晚也要在婚礼之前完成。

由于及笄礼的年龄跟嫁娶同步，而许嫁和婚龄各个时期却不相同，这就导致了及笄礼的不统一。

后来，及笄礼逐渐演变成在婚嫁前一天或当日举行的"上头"之礼。上头

新娘化妆时用的粉扑

仪式多由送亲太太主持，有些地区是由新娘的母亲亲自主持和动手。上头时，除了要准备梳妆必需的梳子、簪子及各种头饰，还要准备很多寓意吉祥的物品，如预示婚姻美满、子孙兴旺的"子孙尺"，预示光明的"光明镜"等。

在上头时，送亲太太一边为新娘梳头，一边说些吉祥话。旧时一共有十梳，分别是："一梳梳到尾，二梳白发齐眉，三梳儿孙满堂，四梳风调雨顺，五梳翁娌和顺……"不过，现代的上头仪式多简化为三梳了。上头仪式，既是长辈对后辈的一种祝福，也是一个人身份转变的标志，从此女子将长发盘起，嫁作人妇。

现代，新娘出嫁时的发式千姿百态，各不相同。但在过去，新娘一般是用发簪把头发梳理成盘髻状。盘髻有低髻和高髻之分。低髻发式是指编辫下垂，或在脑后、前额及两侧盘髻而悬；高髻发式是用网套、银簪一类的物品把头发束于头顶，插上珠花、发簪等装饰，从而使发髻高高耸立。

无论是低髻还是高髻，都要用笄固定好。有些新娘还会在前额梳上整齐的短发，称"刘海儿"，以显得更加美艳妩媚，光鲜动人。

上头后的第二道程序是"开脸"，亦称"绞面""开面"等，一般是由女方的长辈亲属来做，如婶母、姑母、姨妈等。当然，大部分地区是由送亲太太来主持。旧时，我国民间还有专门从事此业的"绞面婆"。

开脸是不用剃头刀子的，而是用一根新棉线。开脸者先在姑娘脸上扑粉，然后用双手绷紧棉线，让两根线绞着姑娘脸上的汗毛，轻轻地扯起来。

开脸

棉线在脸上来回地扯动，反复多次，直到将汗毛扯尽。再用煮熟的鸡蛋白，在扯过汗毛的脸上滚动按摩，起到滋润皮肤、防止感染的作用。

正在忙碌化妆的新娘

开脸之后，新娘的鬓角整齐，线条分明，眉弯如月，唇与额都光洁、白皙，一下子平添了几分姿色，靓丽了许多。

女人一生正式的开脸只有一次，此后若离婚或改嫁均不再开脸。有的地方在开脸之前，家里还要煮"开脸饺"分赠亲友，以示吉祥。有的地区在开脸的时候要唱开脸歌，以预祝新娘婚姻幸福，早育贵子。

浙江绍兴地区，旧时在为新娘开脸时，要在新娘头上拔七根头发，与新郎的七根长发混合搓成线，供新娘扎发髻用。这发线，便是结发夫妻的信物，也是妇女们眼里最珍贵的东西，它们正是应了"七子保团圆"的口彩。

新娘开脸之后，即开始化妆，在面容上抹粉、搽脂、涂红、点唇，精心进行打扮。

随着时代的变迁，在现代的婚姻仪式中，新娘的梳妆打扮，多由专业的化妆师代劳了。在全国许多地区，"上头"与"开脸"的遗风仍然存在，但这些习俗已经成为一种形式。比如开脸，多是由长辈妇女在新娘上车前，用红线在新娘脸上各个部位比画一下，同时说一些吉利话，这就算完成开脸仪式了。

胭脂盒

中国传统记忆丛书

圖说
老婚俗

◎吉祥嫁衣与红盖头

古代婚礼时，新郎新娘的装饰

在中国传统习俗中，嫁衣是女孩子一生中最重要的服装。它既能将新娘打扮得高贵漂亮，又能寓意吉祥美满。因而，嫁衣又称"吉服""喜服""婚礼服"等。

旧时，女方为姑娘缝制嫁衣时十分讲究，不仅要挑选手艺好的缝纫师傅来家中为其缝制，而且还讲究针不能折断、线不能打结等，以求新人婚姻顺利，吉祥如意。

嫁衣的主要作用就是把闺房女子塑造成一位新娘的形象，并象征她的人生新里程的开始。所以历朝历代的婚俗，都非常重视嫁衣。于是，围绕嫁衣的习俗就越来越丰富，花样也越来越繁多。西汉桓宽在《盐铁论》中记载了汉代富家女婚嫁的嫁衣为"衣皮朱貉，繁珞环佩"，而一般人家也会"长裙交袆，璧瑞珥"。到了唐、宋时期，诗文中描写新娘无不是吉服盛装，打扮得花枝招展，美貌若仙。

新娘的传统新婚礼服，一般为绫罗锦缎制成的大红袄，足登绣花履，腰系流苏佩带，环佩叮当的绣花礼裙，头戴凤冠，肩披霞帔。装扮好的新娘，犹如舞台上古装戏的公主。

大红袄，又称"上轿袄"。新娘上轿穿红袄，是我国南北地区皆有的习俗。上轿袄都是红里红面，春秋冬三季均为薄棉。夏天时，则略有变通，穿红色夹衣。因为喜事忌"单"，所以仍要在腰节等处稍絮棉花，

过去，无论春夏秋冬，姑娘出嫁时大都要缝制这样一件大红袄

或在口袋里放一团棉花替代。

新娘上花轿为什么要穿红袄呢？

我国民俗认为，穿棉袄，一是象征饱暖，再一个因为棉花又叫"绒花"，象征着荣华富贵。因此，我国浙江一带才会有"新娘身上无棉，老公不值钱（不爱）"的俗语。

其中最引人注目的，是凤冠与霞帔。凤冠是一种以金属丝网为胎，上缀点翠凤凰，并挂有珠宝流苏的礼冠。据史料记载，妇女首饰上有凤凰装饰，始见于汉代。当时，皇后、皇太后的簪上已经有凤凰的装饰。到了唐朝的时候，皇后穿礼服会见宾客时，一般都要头戴凤冠。到了宋代时，凤冠在贵族妇女当中已经比较常见了。

凤冠

霞帔

据《宋史·舆服志》记载：皇后的朝冠为特大的龙凤花钗冠，上面缀满珠宝，并用金银丝盘成龙凤及大小花二十四株。明朝建立之后，随即规定了严格的服饰制度，凤冠成为贵族妇女参加大型典礼时必须要戴的饰物。清代贵族妇女也戴凤冠，且凤冠的形制相当复杂，在装饰题材上已不限于龙凤。

霞帔，亦称"霞披""披帛"，以其艳丽如彩霞而得名。霞帔大约起源于晋代，据南宋文人陈元靓撰写的《事林广记》记载："晋永嘉中，制绛晕帔子，令王妃以下通服之。"

到了宋代，霞帔正式成为贵族妇女的服饰，并随其丈夫或儿子品级的高低，呈现不同的式样。在当时还有一个硬性规定，即不是皇帝恩赐的人，不能穿霞帔。《宋史·舆服志》记载："常服，后妃，大袖、生色领，长裙，霞帔、玉坠子。"这里的"常服"，并不是指日常所穿的服装，而是在朝廷大典之外各种礼仪场合所穿的正式礼服。

明代也沿袭了这一制度，霞帔被用作后妃、命妇的服饰。命妇的常服、礼服的霞帔，颜色和图案都有具体的规定，从霞帔的纹样上能反映出她们品级的高低。一二品命妇霞帔为蹙金绣云霞翟纹（翟，即长尾山鸡），三四品为金绣云霞孔雀纹，五品绣云霞鸳鸯纹，六七品绣云霞练鹊纹，八九品绣缠枝花纹。

明代的霞帔窄如巾带，清代的霞帔则阔如背心，中间缀以补子，补子的纹样如上所述。这些补子的形状一般都是方形，到清朝光绪中叶，曾出现过圆形补子，但也仅限于汉族贵妇，并且很快又恢复了原状。

中国历代封建王朝都有舆服制度，目的就在禁断服饰上的"僭越"。那么向来只允许后妃、命妇穿戴的凤冠霞帔，为何民间女子在出嫁时也能佩戴呢？据说这与明太祖朱元璋的恩典有关。

相传朱元璋少年时代非常贫穷，只能靠给地主家放牛为生。一天，他因为丢失了一头牛而遭到地主的毒打，并被锁在牛棚里，还一连几天不给饭吃。地主家有个叫马月娥的丫头，心地善良，她到厨房去偷了两张刚烙好的饼给朱元璋吃。滚烫的烙饼把她的皮肉都烫伤了，朱元璋感动得眼泪直流。

朱元璋填饱了肚子之后，便在马月娥的帮助下逃出了地主家，去往濠州投奔揭竿起义的郭子兴。后来，他南征北战推翻了元朝的统治，当上了明朝的开国皇帝，并且亲自回故乡迎娶马姑娘当皇后。

当地的姐妹对马姑娘的凤冠霞帔羡慕不已。于是，马姑娘便请求皇帝允许凤阳女子出嫁时，不论身份高低，都可以佩戴凤冠霞帔。朱元璋答应了她的这个请求。后来，

传统婚礼中，新娘佩戴凤冠霞帔的"特权"，据说是明太祖朱元璋应允的

这个消息传开之后，民间也纷纷仿效。朱元璋为了赢得民心，也就没有干涉其他地方的这种做法。

在古代妻妾制盛行的社会里，凤冠霞帔只有明媒正娶的妻子才有资格佩戴，再嫁之人和妾室是不能享受这种权利的。

绒花凤冠

不过，因为这种凤冠的价值不菲，所以它一般都是由新郎家随同轿子等婚礼用品一起租用而来的。

民国以后，婚礼中佩戴凤冠霞帔的习俗日趋减淡。许多地方的新娘，开始以"绒冠"来代替凤冠霞帔。

所谓"绒冠"，就是以大红绒花编织而成的帽子，两边饰以珠穗，下垂及肩。即使不戴绒冠，新娘们也喜欢在头上插一朵绒花作为装饰。绒花并非种植的花草，而是由手巧的艺人利用染色的蚕丝制作而成。

绒花的起源可以追溯到唐朝，当时它主要被作为贡品进献给皇室成员。绒花因是假花而不会凋败，象征着青春永驻，同时与"荣华"一词谐音，有"荣华富贵"之寓意，故而在宫廷里迅速风靡开来。相传，唐代杨贵妃因鬓角处有一粒小痣，便经常在那里插一朵绒花，以作掩饰。

后来，这一习俗传到民间，爱美的女子纷纷仿效。尤其是那些出嫁的新娘，更喜欢在鬓角处插一朵火红的绒花，以显得更加美艳动人。

新娘妆扮停当，还有一道"障面"的手续。障面，亦称"盖头"、"蒙面""覆面"等，就是用一块男家送来的大红巾把新娘的头脸盖住。届时，出现在众人面前的新娘子，其实是个"蒙面人"。《红楼梦》里的"调包计"，所以能瞒过一心要娶林妹

绣花红盖头

中国传统记忆丛书

图说
老婚俗

妹的贾宝玉，正是巧妙地利用了这一习俗。

新娘为什么要以红盖头蒙面，历来说法不一。有人认为，这个习俗跟伏羲女娲兄妹为繁衍人类，编草扇障面婚配有关。另外，在我国民间还广泛地流传着这样一个故事：

相传，姜子牙在封神的时候，将商纣王封为喜神，专管人间的婚姻，结婚时都得请他送喜。可是纣王劣性不改，在给人家送喜时，看到哪家的新媳妇长得好看，就抢回去给自己做妾。老百姓都非常气愤，可是嫁娶又不能不请喜神。大家无奈，只好求姜子牙想办法。姜子牙告诉大家：你们要给新媳妇的头上蒙一块红布，而且等新媳妇一进门就放鞭炮。

大家就照这个办法去做，果然纣王一见到蒙着红布的新媳妇，再一听到鞭炮的炸响，便惶恐地驾云逃走了。

原来，武王伐纣时打的战旗都是红色的，而且纣王又挨过姜子牙的神鞭，死后脑袋被挂在红旗下。所以，纣王一看到新媳妇蒙着红布，且听到鞭炮的炸响，就误认为是姜子牙来惩罚他，所以赶紧逃跑了。

从此以后，娶亲的人家都要给新媳妇蒙上红盖头，并燃放鞭炮，以驱赶纣王。久而久之，红盖头便成为新娘的护身符了。

不管伏羲与女娲，还是姜子牙与商纣王，其实都是我国古代劳动人民附会而成的，可信度不高。

据史料记载，最早的盖头大约出现在南北朝时期，当时是作为妇女避风御寒之用，而且也仅仅盖住了头顶。到了唐代时，便演变成一种从头披到肩的帷帽，用以遮羞。据传，唐朝开元天宝年间，唐明皇李隆基为了标新立异，有意突破旧习，指令宫女以"透额罗"罩头，也就是让妇女们在唐初帷帽的基础

结婚新娘披红盖头的习俗，传说与姜太公有关

清末民初时，新郎与新娘的婚礼装束

上，再盖一块薄纱遮住面额，作为一种装饰。

后来，随着封建礼教的进一步加深，"男女授受不亲"成为当时青年男女之间必须遵守的准则。尤其是女孩子，更不能随便出门，要安心守在闺房里。而且过去的婚姻，大都是受"父母之命，媒妁之言"包办而成的，结婚的男女往往在入洞房之后才见第一面。然而，在婚礼的公众场合，新娘又不能不见人，为了遮羞，也为了维护封建礼教的完整性，人们在"透额罗"的启示下，设计出了以红盖头遮面的办法。

而今，新娘的嫁衣大都是从服装店购买的成品，而在婚礼当天最常穿的婚纱，也大都是从婚庆公司租赁的。不过，在一些农村地区还保留着手工缝制上轿袄的习俗，只不过缝好的大红袄多作为压箱之物，新娘已经很少穿在身上了。而蒙红盖头的习俗，在现代人的眼里，也早已变成影视剧里才能看到的镜头。

◎喜事悲哭情难舍

哭嫁，对于现代人来说，是一个非常陌生的名词。结婚原本是一件大喜之事，为什么还要哭呢？这令人感到有些莫名其妙。

然而，在过去，哭嫁却是流行于我国民间大部分地区的一个习俗，尤以华南、华北、中南和西南地区最为盛行。时至今日，在我国民间的一些偏僻农村和少数民族地区，仍沿袭着这一习俗。

哭嫁，俗称"哭出门""哭发""谢亲"等。在过去，这一习俗既表达了出嫁女子舍不得远嫁，对娘家的依依不舍之情，又是古代女性对包办婚姻的一种控诉。

哭嫁之俗，表达了新娘对娘家人的依依不舍之情

在封建社会里，"男女授受不亲"，没有交际和接触的机会，更谈不上自由恋爱，婚姻全凭"父母之命"和"媒妁之言"包办代替。特别是久居闺房的少女，对夫家及丈夫本人都是一无所知，所以在出嫁时的心情是相当复杂的，常常是喜忧参半。

如影片《红高粱》中"我的奶奶"出嫁时，在轿子里放声嚎哭，她被父亲用驴换婚，嫁给一个患麻风病的男人。

当然，一些姑娘在出嫁时并无多大的忧伤，也不愿意流泪，因为从人之情理来说，又有哪一个姑娘不想结婚呢？林语堂先生说："下意识中，所有中国姑娘都梦想红色婚礼裙子和喜轿。"但她们在出嫁前也得哭，因为千百年来，哭嫁已经成为一种风俗，成为一种模式。

在我国传统婚俗中，哭嫁一方面被视为出嫁女子对父母孝心的表达；另一方面，人们认为新娘哭得动静越大，婆家就越发财。故而，哭嫁在有些地方被称为"哭发"。

哭嫁为什么会成为一种相沿成习的风俗呢？这得从他的起源说起。在从妻居的对偶婚时代，姑娘们扮演着女神的角色，她们不需要出嫁，只接待上门而来的男子，因而是没有哭嫁之俗的。

后来，婚姻的居住关系由从妻居变为从夫居，女人逐渐成为男人的私有财产。男人们不愿意过暮去晨归的访婚生活，干脆把女人抢回家中或娶回家中，这就是所谓的"抢掠婚姻"。

世界上许多古老民族在父系社会阶段普遍有过"抢掠婚姻"的习俗，即一个氏族的男子们集体到另一个氏族中抢掠女子为妻为奴，而另一个氏族的男子们又到这个氏族中抢掠女子为妻。抢掠时，他们主要以偷袭为手段，以黑夜为掩护。夜晚是掠婚的最佳时间，既然是偷袭，就只能悄悄地进行，不能发出声响。而一旦掠夺成功，被抢掠的女子及其家属肯定会嚎啕大哭。到了周朝时，"抢婚"的现象逐渐消失，但是"抢婚"中的某些风俗却沿袭下来，比如婚礼仍在天黑以后举行。当然，迎亲者也不能敲锣打鼓地迎接新娘，而新娘仍然如被"抢婚"时那样，一副悲伤的样子。可见，哭嫁的风俗是上古"抢婚"风俗的孑遗。

女儿出嫁，母亲在其身后忍不住落泪

关于哭嫁这一习俗的由来，在我国民间曾流传不少传说，四川地区就有这样一则故事：

很久以前，有个后娘送前妻的女儿出嫁，故意弄成出丧的样子。众人前来贺喜都说一些吉利话，而后娘却用哭腔唱道："女儿啊，你红鞋去，白鞋来，出去再莫到我家来……"出嫁女也不示弱，拉着后娘反唇相讥道："娘啊，我小轿去，大轿来，麒麟送子抱儿来……"

过了些日子，后娘送自己的亲生女儿出嫁时，嫁妆齐备，她还喜笑颜开地说了很多吉利话。结果，前妻的女儿嫁人后，夫妻恩爱和睦，一年以后便生了一个白白胖胖的男孩，家庭生活和美；亲生女儿嫁人后，与婆婆不和，与丈夫不睦，竟气得服毒自杀了。

经过对这两个姑娘的婚姻比较，大家都认为出嫁时哭比笑好，于是就有了哭嫁的习俗。

哭嫁的内容，一般都有"哭爹娘""哭姐妹""哭兄弟""哭嫂嫂""骂媒"等内容。其具体表现，随各地婚礼习俗的不同而有所不同。比如旧时，在粤桂皖豫一带，姑娘在出嫁前三天便邀请女

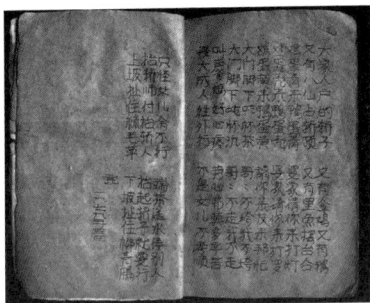
20世纪70年代末，一些有哭嫁风俗地区的待嫁女子摘抄的《哭嫁歌》

伴至家中话别，谈笑之间，忽然转喜为悲，面带哭相，语带哭腔。起初，她们只是相对轻泣，继而放声大哭，听了令人心酸。

新娘往往连续哭满三日，一直哭到男方迎亲的花轿进门。迎亲的花轿一到，新娘见轿生情，平添哭兴，哭得死去活来。其气氛之悲怆，令在场的人皆受感动，一些妇女也跟着放声大哭，甚至很多男人都悄悄地躲到一边去抹眼泪。

有些地方，新娘则隔夜开哭，称为"谢嫁妆"，即感谢爹娘置办嫁妆的辛苦。新娘在哭嫁时，还流行唱"哭嫁歌"。因而在过去，我国民间各地曾流传着不计其数的哭嫁歌。比如上海松江地区曾流传这样一首哭嫁歌："（女儿唱）蚕豆花开黑澄澄，养个女儿黑良心；棉花秸秆拿干净，铺陈高来上擦梁，下擦地。（母亲唱）家里穷来没有典当，拿你女儿人典当；拿你的银两，大礼拿来买嫁妆，小礼拿来买花粉，把你的银两吃干净……"

哭嫁歌所唱的内容，大都发自肺腑，听了之后令人颇觉心酸。现代社会，通信、交通十分发达，女子出嫁后回来看望父母已经变为极容易的事情。况且，女子出嫁也不再改变姓氏，女方家族少了一口人的观念也已经淡漠，哭得那么伤心也就没有必要了。

◎别亲起轿吉俗多

外面，催妆的鼓乐一波高过一波。眼看吉时已到，迎亲太太与送亲太太商量过后，便提醒女方家人，新娘上轿的时辰到了。在我国民间，人们大都将新娘上轿称为"升轿"。于是，仍哭哭啼啼的新娘，在至亲与送亲太太的簇拥之下，开始上轿。

旧时，在新娘入轿前，女方家人要拿着镜子和点燃的红烛，在花轿内照上一番，防止妖魔加害新娘，也称"搜轿"。在扬州一些地方，还要在轿子内点燃一小串鞭炮或者用檀香熏一遍，这也是为了驱邪。仅仅这样还不行，女方的家人还要让新娘随身携带一面铜镜。这一习俗，曾在全国各地普遍流行。

铜镜所拥有的照面作用，以及其背面图案多具有吉祥的寓意，使得人们自古以来就将其视为趋

新娘上轿时怀抱的葫芦

吉避凶之物。迷信观点认为，铜镜是一切无恶不作的妖魔鬼怪乃至凶神所畏惧的东西，因此民间有用镜子可以照出各种变化了的妖怪的原形的说法。镜子被认为是避三煞的宝物，如新娘将镜子抱在怀里，必使邪魔无法遁形。

铜镜除了有驱凶避邪的作用之外，旧时在我国民间有些地区，新人在拜天地的时候，新娘要把镜子放在新郎腰间，取新郎新娘心心相照之意。于是，铜镜子也成为古人爱情和婚姻的信物。

在现代的婚礼中，大部分地区仍保留着这个习俗，只不过现代新娘所携带的，已经由铜镜变成了小型的玻璃化妆镜了。

新娘在上轿时，还有一个通行于全国的俗规，那就是新娘不能用自己的腿脚走上轿子。那应该怎么上轿呢？

大部分地区新娘是由娘家长兄或堂兄背上轿子，如果没有兄长，则由舅舅或伯叔背上轿子。还有些地方，是由女方的兄弟姐妹用椅

旧时，新娘在上轿时总要怀揣一把能避"三煞"的铜镜

子把新娘抬出屋子，放在花轿中。

不管采用哪一种方式，最终目的就是不能让新娘的双脚沾地。因为民间俗信，若新娘双脚沾地出门，就会把娘家的喜气、福分和财运带走。

关于长兄背妹妹上花轿习俗的由来，在我国民间还流传着这样一个故事：

很久以前，有一位刘姓老汉，生

老舅背新娘上花轿

了二男二女。他趁风调雨顺，年成不错之际，头年为长子娶亲，来年送大女儿出嫁。谁料从此家境衰落下来。后来有明白人告知他："土能生万物，地可长黄金。你家姑娘出嫁时，带走了地里的财气。"

等到下一年嫁次女时，他特意关照儿子把妹妹背上迎亲的花轿，使她脚不沾地上花轿，以此保住家里的"财气"。后来，邻居们纷纷仿效，这一方式逐渐流传到全国各地。

有些地方唯此犹嫌不足，还特意备下一双新鞋，待新娘子被背上轿子之后，再用这双从没落过地的鞋子，把她脚上的鞋子换下，以确保万无一失。

而现在一些婚俗专家认为，"换鞋"习俗，其实是源于妇女缠足的陋习。从南唐妇女开始缠足以来，脚的大小已成为衡量女性美的关键。但是，在封建时代，男女婚姻凭"父母之命"和"媒妁之言"包办而成，双方不见面，媒婆在说媒时，只好要来女方的鞋样子，供男方定夺。为了防止受骗，男方同意了就留下鞋样，按照尺寸做一双绣花鞋连同订婚礼物一并送至女家。在成亲的时候，新娘必须穿上这双绣花鞋。

辛亥革命开始后，革除了缠足陋习，但送鞋之俗仍留传下来，并演变成迎亲时由新郎给新娘穿鞋。当然，女方所穿的鞋子不一定是由男方赠送的。

虽然说女方家担心姑娘出嫁时带走娘家的财气，谨守"背嫁"与"换鞋"的习俗，但是父母爱女心

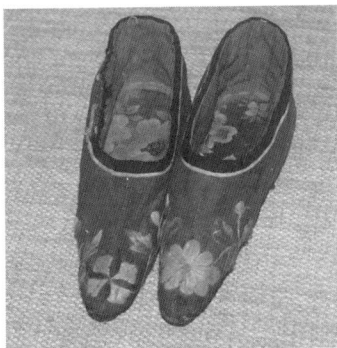
清朝缠足女子出嫁时穿的喜莲

切，在其他与金钱相关的一些习俗中并不计较。很多地区的新娘子在上轿时，父母都会为她们准备一些"压轿钱"，寓意腰不空，永远有钱花。在山东、河北等地，新娘上轿前，母亲会让女儿从兜里抓一把钱，也有以粮食代替钱的。这令新娘很为难，抓得多了，婆家富足，而娘家会变穷。

老北京的婚俗，在吹鼓手奏乐催妆的同时，娶亲老爷里面有一位公开做"贼"的。他的任务，就是要到女方家去"偷窃"，所要偷的东西是朱漆筷两双和银碗一对。这种东西是新郎和新娘入洞房的时候用的。

对此，女方家都积极配合。他们将银碗和筷子放在显眼的地方，对那位娶亲老爷的"偷窃"行为视而不见。

在西宁一带，迎亲太太还要向新娘的家人讨要一对内装大米、红枣，外封红纸，用红线扎串在一起的细瓷碗，谓之"讨饭碗子"，表示新娘到婆家后，丰衣足食，不愁吃穿。

新娘上轿后，放好轿帘，鼓乐大作，鞭炮齐鸣。有些人家在喜轿出门时，还放三炮。炮是一个生铁铸的筒子，口径不到一寸，长有三四寸，里面装上火药。在湖南洞庭湖一带，新娘上轿之后，父亲要亲手将轿门锁上，或贴上封条。

据说，当年祝英台被迫坐上花轿去马家，由于轿门没有上锁加封，花轿路过梁山伯坟前，祝英台执意要求下轿哭坟。眼见黄土一堆，祝英台肝胆欲裂，便一头撞死在墓碑前。刹那间，雷鸣电闪，坟裂石崩，两人化作一对彩蝶，飞向彩虹高架的天空。马家的喜事变丧事，落个人财两空。为了不让"梁祝"悲剧在人间重演，当地民间便留下了新娘入轿必须上锁加封的规矩。

新娘登上花轿起轿之后，很多地方都有向花轿泼水的习俗，俗话说："嫁出去的闺女泼出去的水。"但婚礼中的这一习俗，并非感情疏远的表现，而是女方

民间年画上的"梁祝化蝶"故事

中国传统记忆丛书

图说
老婚俗

家对新娘的一种祝福，希望新娘在婆家安心过日子，夫妻和睦，不会因为婚姻不幸而返回娘家。

　　迎亲队伍又浩浩荡荡地往回走。在一些地区，新娘上轿以后是禁止回头看家的。据说，如果新娘这样做婚后的将会发生改变，比如离婚或被婆家遣返回娘家。除此以外，新娘出嫁时还禁忌翻白眼，这也是为了防止新娘将来的婚姻遭遇不幸。

　　回去的路线不能与来时路线一样，必须绕着走，因为按照老说法，这叫"不走回头路"。途中，若经过庙、祠、井、河、坟等，迎亲的人需要张开红毡子遮住花轿，以示镇邪。

浩浩荡荡返回男方家的迎亲队伍

　　另外，迎亲途中，还忌讳看到孕妇、棺材、死人等，怕出现"喜冲喜"或"凶冲喜"等不吉利的局面。这就必须采取相应的对策来预防。福建一些地区，新娘出嫁时要捏碎一个桂圆干，以趋吉避邪。西北一些地区娶亲路上，如果碰到了送葬的，则认为是晦气的，必须想方设法避开，以免丧气沾染到新娘身上。但有些地方对此并不忌讳，男女两家的宾客均高喊："今天吉祥，碰上宝材了！"因为棺材的"材"与发财的"财"谐音。

　　若迎面遇上另一娶亲的队伍，则谓之"喜上加喜"，并且两个新娘还要交换礼物，如手帕、钱币等，有的日后甚至当亲戚走动。但若遇到的娶亲队伍与自己朝同一方向行动，则往往互相抢先，谓之"争上风"。因为民间有这样一种说法，谁抢到了上风，谁就等于抢到了对方新娘子的福气好运，而且还能比对方早生孩子。所以，如果两花轿相遇，双方就会互不相让。这时，双方会派人拿出自己事先准备的"礼让包封"，当面拆开，钱少的就只能让道。这些让路钱自然归轿夫所有，输了一方的轿夫会因为得到这笔赏钱而高兴。

而争得正道的轿夫因为分不到钱，便故意掼轿，对新娘家的大方做一些报复。所以，嫁女之家往往在"礼让封包"里少放钱，宁愿让路，以便新娘少受些苦。

◎戏谑新娘颠花轿

旧时，从事轿夫这一行的，不仅要身强力壮，而且脚下步伐还要稳健

迎亲的队伍半路不能落轿，经过村镇时，要鸣锣奏乐，吸引人们夹道观看。迎亲的道路有远有近，非常考验轿夫的耐力。

因此，轿夫不仅要健壮有力，而且还要训练有素，途中讲究步伐又快又稳。要练出这种步法，须头顶一碗水走路，直到碗中水洒不出来才算成功。据说，"四大名旦"中的程砚秋先生，为使自己的台步端正、凝重，曾亲自向轿夫求教，轿夫便告诉了他这个"秘诀"。程先生听后，照此方法苦练，终于掌握了这种步法，并将其运用到戏中。后来，他在演出《武家坡》时，观众莫不为他那稳重、端庄的演技所倾倒。当然，这些是题外话了。

几名轿夫统一行动，快慢一致，步伐协调，配合默契，即使快速行进，也能不颠不晃，保持平稳。花轿迎亲虽说是大喜之事，但按照旧俗，轿夫可以对新娘搞一点恶作剧，"颠轿"便是其中之一。

颠轿，也叫"颤轿"，就是抬轿者故意将轿子上下颠簸，使新娘坐卧不安，头晕眼花，直至呕吐。这一习俗曾流行于全国大部分地区。

关于它的起源，在我国民间有这样两种说法：一种说法认为，颠轿行为是对新娘迟迟不上轿的惩罚；另一种说法则认为，颠轿习俗的意义正如请人压床一样，是在对新娘施行生殖力感染，新娘呕吐便是感染的结果，即妊娠的象征。因此，在迎亲的路上，新娘被禁止下轿解手，免得"妊娠"不幸流失。

在颠轿的同时，为了活跃气氛，轿夫们经常会高声咏唱，相互戏谑。如西北黄土高原上曾流行这样一首《颠轿歌》："客未走，席未散，四下寻郎寻不见；急猴猴，新郎官，钻进洞房盖头掀，我的个小乖蛋！定神看，大麻脸，塌鼻豁嘴翻翻眼；鸡脖子，五花脸，头上虱子接半碗！我的小乖蛋！丑新娘，我的天，呲牙往我怀里钻；扭身跑，不敢看，二蛋今晚睡猪圈！"

颠轿，为旧时的迎亲仪式增添了一抹谐趣的色彩

为了使新娘在途中免遭颠簸之苦，有的地方在新娘上花轿前，娘家人事先在轿内放一只盛灰的脚炉，如果轿夫闹得过分，新娘就将脚炉踢出轿门以示警告，这样轿夫就不能再肆意颠轿了。

有些人家会主动出击，以便提前打消轿夫们恶作剧的念头。比如有的人家会在轿子里四角处各摆上一个瓷花瓶，这就给轿夫们增加了一定的难度。在抬花轿的途中，他们不得不小心翼翼的，以免摔碎轿子里的瓷器。据说有户人家不知道采用什么办法，竟然将一大块四方石藏在新娘坐的小箱子里。轿夫们一抬，都说这回肯定是个胖媳妇。一路上，他们累得气喘吁吁，根本无暇颠轿戏遣新娘。直到新娘下了轿子，他们才发现原来是被人家捉弄了。

颠轿习俗盛行，除了传统观念使然之外，还有一点就是轿夫们通过颠轿，可以获得更多额外的赏钱。因此，他们对颠轿解释也有一通"歪理"解释，说经得住"颠"的新娘，才能经得起生活的风吹浪打；受得住"晃"的新娘，才会对婚姻忠贞不贰。

若要使新娘在路上少受一些颠簸，娘家人一定要给轿夫封红包。

而且在途中，新娘的赏钱也是少不了的。走在路上，当轿夫们齐声喊起要过沟、过河时，轿子里的新娘便知道轿夫们在要赏钱了。于是，新娘就把随身携带的硬币丢在轿子里。轿夫们听到响声，就知道赏了钱。若没有听到响声，轿夫们就会故意将动作变得歪斜起伏，新娘坐在轿内就像乘坐轻舟漂浮在波浪之上，难受极了。这时候，新娘只能连丢硬币，响声不断，轿夫才会改变方式，有节奏地慢行。有的新娘

踏街的迎亲队伍，让整条街道都在欢快的乐曲声中颤动起来

比较机智，手持硬币敲得轿子底板直响，可放的钱并不多。

花轿进村之后，吹鼓手、唢呐乐队就开始不停地吹奏起来，吸引着看热闹的人。此时，抬轿的领班也开始吆五喝六地指挥轿夫开始踏街。踏街行进都是慢悠悠的，走得越慢，看热闹的人就聚得越多。吹鼓手们则更加卖劲，《喜洋洋》《百鸟朝凤》等喜庆乐曲被轮番吹奏。

放一挂鞭炮求吉祥

鼓乐大震，说是为了驱逐一切"妖邪外祟"，以便给喜轿让路，实际上就是通知本家做好迎接花轿的各项准备工作。如系"倒响房"的，马上找一男童，在喜房里猛敲三下大锣，出份子的亲友及一切闲杂人员等立即回避。

轿夫的领班也开始铺设红毡，从轿前一直铺到洞房，做好落轿的准备。这时，首先迎亲的人要对着花轿放一挂鞭炮，或是三声响炮，然后花轿面对喜神所在方位落定。男家的大门紧闭，要让花轿在门前停一会儿，谓之"憋性"

门神

"勒性"或"顿生性"，目的是让新娘的性格绵软，进门后听从婆婆的管教。

许多地区在这时候还有"燎轿"的习俗，即由两个小男孩或者小女孩，手持麻秆或者其他秸秆扎成的火把，绕着轿子燎三次。在北方一些地区，此时还有祭门神的仪式。主家将猪头、鸡、鱼摆在大门口的供桌山，由新郎的伯父带领叩头祭门神，在祭祀过门神之后方可开门。另外，在新娘没有下轿之前，主家要将事先预备的喜钱从院中向墙外抛撒，使看客们争抢喜钱，以博欢心。

在接轿的同时，迎大宾（又称"送客"）与接待大宾的仪式同时进行，这是男方婚礼中的大事之一。不管女方送嫁亲戚多少，不管男方贺喜亲友年龄多大、地位多显赫，大宾始终受到特殊的恭敬。

从落轿地点到洞房仅几步之遥，但按照老规矩，新娘子走完这段路程还需要很多繁琐的程序。

◎ "转席传袋"与"撒谷豆"

新娘下轿时，一般是两个女迎宾掀开轿帘，搀扶新娘下轿。在女迎宾的选择上，也有一定的讲究。女迎宾也必须是父母健在，儿女双全的"全福人"，而且在属相上不能与新娘相冲。

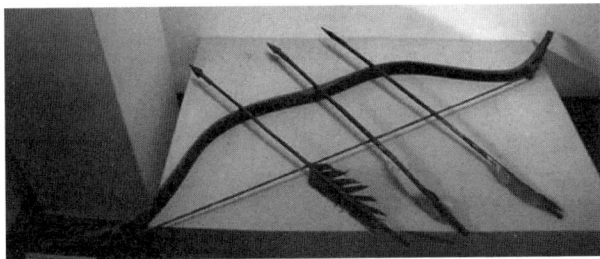
旧时婚礼中，新郎用来射煞的桃木弓和柳木箭

很多地区，在新娘下轿前的瞬间，新郎会抢先上前，对轿门踢

上一脚，以示权威。若所娶的新娘性情泼辣，她也会不失时机地在轿内踢还一脚，以示不甘示弱。

除了"踢轿"，有些地方还有"射煞"的习俗。所谓"射煞"，就是在轿帘还未打开之时，新郎手持桃木弓、柳木箭（传说桃木、柳木有避邪的神效），对着新娘虚射三箭。但方式不一，有待新娘下轿再射的，有三箭齐发的，有逐箭而射的，还有骑在马鞍子上射的。总之，都是为了"避邪""射煞"，同时也寓意"箭发连中，马到成功"。

新娘下轿时一般不能空手，或抱葫芦，或抱宝瓶，内盛大米和小米，俗称"金银米"

吉时到了，新娘下轿，但一定不能空手，新娘要手抱"宝瓶"，即漆瓶或景泰蓝瓶，瓶内有大米和小米，称"金银米"。有的地区是两个女迎宾分别拿一包麸子、一包盐，塞在新娘手里，盐和麸子取"贤惠""有福"的意思。有的地方，在新娘下轿前要用熨斗盛火炭烤一烤新娘的脚；有的地方在轿内放一把斧头，婆婆要去"兜福"；等等。

紧接着，一连串与祈福求子有关的习俗，哪一步都不能疏忽。按照俗规，新娘自在娘家穿上上轿鞋之后，脚就不能沾地，直到入洞房脱鞋坐帐为止。

古人认为新娘下轿时，双脚不能踩平地，否则不吉利。有人说，因为平地是"贫地"的谐音，不踩平地，即"不践贫地"，新娘以后的生活就会富裕。

于是，富裕人家在新娘下轿的地方会摆上红色毡子，让新娘踩在毡子上行走。因为进门到洞房的路很长，毡子不够用，于是就派一个妇女，把新娘走过的毡子往前传，一直传到新娘进入洞房。此谓"倒毡"，即"转席""传袋"之意。

关于红毡铺地迎接新娘习俗的起源，在我国民间还流传着这样一个故事：

从前，有户人家娶媳妇。花轿进门后，从花轿里走出容貌服饰

部分地区，迎亲太太以芸香燎轿之后，在新娘下轿时会递给新娘一个苹果，寓意平安吉祥

完全一样的两位新娘，就连新娘的兄长和媒人都分辨不清。恰巧，有位人称"活包公"的巡按御史从此经过，他听说这件怪事后，便来判断真伪。

"活包公"把两位新娘端详一番之后，吩咐夫家将一匹红毡展开铺平，接着让两位新娘轮流从这红毡上走过，并说谁走上去不留脚印，谁就是真新娘。一位新娘听了，顿时慌得变了脸色，另一位则笑逐颜开。

"活包公"令慌神的新娘先走，这位新娘才走了一步，红毡上就被踩出了脚印。另一位却从容不迫地走了过去，没在红毡上留下一丝脚印。原来，后者是由狐狸精幻化的，没想到"活包公"略施小计，它便原形毕露——人都是有体重的，如果不是妖怪，谁能走以红毡上不留脚印呢？

从此，人们多了一个心眼，就是让新娘在下轿之后先从毡席上走过。如果没有足痕，那新娘肯定是妖精幻化的了。

当然，这只是民间的一种附会罢了。其实，这一习俗在唐代就已经普遍存在了。唐代诗人白居易在《春深娶妇家》一诗中写道："何处春深好，春深嫁女家；青衣传毡褥，锦绣一条斜。"这首诗歌所描写的，正是有钱人家举行婚礼时，婢女不断传铺彩毡，以供新娘履步的情景。由此可见，这一习俗至迟在中唐时期就已经出现了。

宋代孟元老《东京梦华录》和吴自牧《梦粱录》，也记有"新人下车檐，踏青布条或毡席"和"踏青锦褥或青毡花席上行"，说明此俗在宋代已经非常盛行。

以米袋代替毡褥或席子的习俗，则是在清代才出现的。因为"袋"与"代"谐音，所以"传袋"具有传宗接代的深层寓意。

中国传统文化崇尚子孙满堂的家庭伦理道德观念，人们普遍认为"多子多福""有子万事足"。古人结婚，最重要的一个目的就是

转席传袋

"上以事宗庙，而下以继后世"。人们都把生育后代看作延续香火和完成孝道的第一要义。所以，由"转席"到"传袋"的转换，也就不可避免。清代文人王棠在其撰写的《知心录》中写道："令新妇步袋上，谓传袋，代袋同音也。"近人胡朴安编纂的《中华全国风俗志》也记述了浙江的传席风俗："新妇进门，布袋铺地，辗转更换，令步其上，谓之传袋，犹言传代也。"出轿时，用米袋直铺至花烛前，新娘脚踏米袋，曰"步步高、代代好"。

在传统婚礼中，新娘下轿之后，一步一步踩在袋上，铺袋人则一袋接一袋地向前传，直至走进礼厅。在此过程中，司仪还念念有词地高喊："传一袋，郎才女貌；传二袋，鸳鸯合好；传三袋，三星高照；传四袋，四喜如意……"贺喜众人随其赞词呼应喝彩，愈加显得喜气洋洋。

在现代婚礼中，这一情景已经很难见到了。不过，无论是在城市还是在乡村，踩红毡的习俗却传承了下来。

与"转席、传袋"同时进行的仪式，还有"撒谷豆"。所谓"撒谷豆"，就是在迎亲时抛撒谷粒和豆子来祈福。这一习俗，曾流行于黄河、长江流域的广大地区。

撒谷豆仪式共分为两次，一次是在新娘上轿之前，送亲太太亲手拿米斗或簸箕，将谷粒和豆子到处抛撒，花轿里里外外都要撒播到；另一次是在新娘下轿时，也就是下面要讲述的一个礼俗。撒谷豆的习俗起源非常早，据宋代高承撰写的《事物纪原》记载：汉武帝时期，有一个叫京房的大学者，他精通《易》学，尤其是对灾异颇有研究。他把女儿嫁给翼奉的儿子。定下娶亲的日子之后，京房却认为那天不吉利，因为这一天有"三煞"（即青羊、乌鸡、青牛三煞）附在门上。凡是"三煞"附门的时候，新妇便不得入门，如果违反了就会损害尊长，而且婚后无子。翼奉不以为然，坚持在这

民间婚俗剪纸之"撒谷豆"

一天迎娶，但还是采取了一定的措施。当新妇入门时，他用谷豆和草来辟邪。京房、翼奉都是西汉时期的大儒，两家子女缔结婚姻，他们虽然对婚期是否为吉日有不同的看法，但撒谷豆辟邪的方法却解决了他们之间的分歧。从此，这一习俗便流传了下来。

撒谷豆的用意是让青羊、乌鸡、青牛三煞忙于啄食，无暇危害新娘。据《东京梦华录》记载，到了宋代时，人们不光撒谷豆，还撒米、瓜果、钱。于是，每逢娶亲，男方的家门外都有很多小孩守着。等这些东西撒出来之后，他们便会蜂拥上前争拾。

谷作为种子，繁殖力强，这也是古人将其用于婚仪的原因。据《格物总论》记载："昔春而种者，子粒耳，秋而收者，万颗也；划春而入土者，升斗耳，秋而登场者，仓箱也。"

古人崇拜谷种的繁殖力，并且认为谷种与人可以相互感应，谷种的繁殖力可转移至人身上。撒谷豆辟邪婚仪，也隐含着祈子之寓意。后来，在一些地方，撒谷豆的辟邪意义逐渐淡化，祈子意义越来越突出。像"转席、传袋"一样，撒谷豆遂由辟邪仪式转化为祝子仪式。

在当今的婚礼中，撒谷豆的习俗已经很少见了，但抛撒彩纸、花瓣、糖果的习俗，仍算是它的遗风吧。

除了"转席、传袋"与"撒谷豆"之外，有的地区还有一些非常有趣的习俗：在浙江海盐一带，新娘下轿时，婆婆要端一碗糯米饭亲手喂新娘吃下。据说，吃了婆婆喂的饭，以后婆媳和睦，生活甜美。

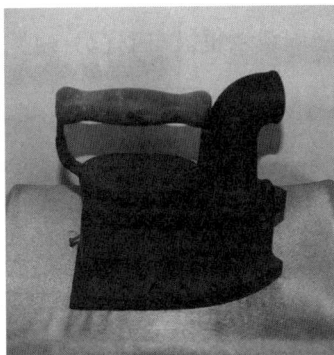

山东栖霞等地，在新娘下轿时，迎亲太太象征性地用熨斗烤一烤新娘的手和脚，寓意人财两旺

在河南安阳一带，新娘到来时，男家先点上两把干草绕着花轿走两圈，说是燎一燎路上的妖魔邪气。花轿朝着喜神的方向放下，新娘被搀出花轿时，有些男孩将麸皮往新娘的头上撒，说是老天爷赐福。

台湾地区，在新娘下轿时，一个男童即用茶盘端着两个橘子放到新娘眼前，让新娘第一眼看见吉利。随后迎亲太太或媒人用八卦筛子罩在新娘的头顶上，以防妖魔侵害。

不同的习俗令各地的婚礼仪式充满了迷人的色彩。

◎跨鞍进门求平安

新娘下轿后，在女迎宾的搀扶之下，踏着红毡或米袋缓缓前行。来到门前之后，新娘不能像平时一样跨门槛而入。全国各地最流行的方式，就是婆家人先在新娘必经的每一道门槛放一个马鞍子，然后在马鞍子上挂一串铜钱。

新娘进门时，只需从已经摆好的马鞍子上跨过即可，有几个跨几个，不能有遗漏。跨马鞍，是一个非常古老的风俗，据史料记载，早在唐代的时候它就已经出现了。关于这一习俗的起源，在我国民间有过不同的观点，但大多数学者认为它是从边疆地区游牧民族中传来的。据唐代封演撰写的《封氏闻见记》记载："婚姻之礼，坐女于马鞍之侧，或谓此北人尚乘鞍马之义。夫鞍者，安也，欲其安稳同载者也。"唐代另一位文人段成式，在其《酉阳杂俎》中也写

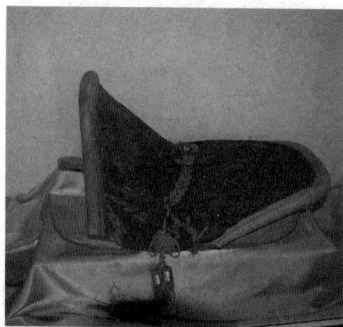

昔日民间婚礼仪式上所用的马鞍

道："今士大夫家婚礼，新妇乘马鞍，悉北朝之余风也。今娶妇家，新人入门跨马鞍，此盖其始也。"

由上述史料记载来看，"跨马鞍"是北朝少数民族的婚礼遗风。此后历代承袭，也多有文字记载，如北宋孟元老《东京梦华录》记载："一个捧镜倒行，引新人跨鞍蓦草及

秤上过。"明朝沈榜《宛署杂记》
写道："新妇及门，初出舆时，婿
以马鞍置地。令妇跨过其上，号曰
平安"。甚至到解放初期，我国民
间的一些偏远农村地区，在婚礼中
仍沿袭此俗。

清代帝王大婚时使用的镶珠宝马鞍

然而，清代文人褚人穫对此却
有不同的看法，他在《坚瓠广集》中记载了这样一个故事：

唐朝时期，突厥汗国的默啜可汗请求与大唐宗室联姻。皇帝同
意，便选了一位公主嫁他。在成婚之前，又特诏送其金缨马鞍。默
啜可汗见马鞍乃鎏金而非纯金所制，认为是有关部门做了手脚，便
要"请罢和亲"。当时，主持唐朝礼仪部门的鸿胪寺卿亲自对他解释
说："汉礼重女婿而送鞍，主要取其平安长久之意，并不以黄金为
珍贵。"闻听此言后，默啜可汗便很高兴地接受下来。

追述过这段故事之后，褚人穫认为，跨马鞍应为汉人本来所有
的习俗。为什么这样说呢？首先，跨马鞍既然是游牧民族的风俗，
为什么同样是"马背上的民族"之突厥人，对此举却不理解呢？再
一个就是，这项礼仪的作用在于给夫家带来"平安"，取义吉祥，而
与"胡人尚乘鞍马之义"并没有什么关系。

当然，无论哪一种观点正确，我们都没有必要为此纠结。关于
此婚俗的起源，在我国民间的不同地区还流传着许多不同的有趣的
说法。

山东胶东一带，认为跨马鞍与避太岁的风俗有关。我国民间有
这样一种迷信的观点，人们认为太岁为众煞之主，有君临天下、不
可冒犯之势。因此，民间兴建挖土或结婚大喜之事，皆要躲避太岁
的方位，意在避免因冲撞太岁而惹来灾祸。

那么，结婚避太岁为什么要使用马鞍子呢？在当地还流传着这
样一个有趣的传说：

从前，有一户人家要盖房子。因为没有请风水先生先看看太岁
在哪个方位，他们就开始挖地基，结果一下子就挖到了太岁的位置。

153

昔日婚礼仪式上所用的火盆

太岁很生气，就变成一头毛驴降到人间。盖房子的主人忙得不可开交，正愁没有牲口干活，突然间他发现一头无主的毛驴，便顺手牵过来，备上鞍子和驮篓，让它驮了一整天的泥巴和石头，把太岁累了个半死。

到了晚上，盖房子的主人将鞍子从驴的背上卸下来，并喂它草料。太岁趁盖房主人不注意，溜之大吉了。从此，太岁一看到鞍子，心里就害怕而不敢靠近。因此，谁家办喜事，便会将马鞍子扣在门槛上，以避太岁。久而久之，也就有了结婚跨马鞍子的婚俗。

这个故事显然是后人附会而成的，不足为据。但从中，我们也能够看出跨马鞍在传统婚姻中的影响。

除了跨马鞍之外，很多地方在新娘进门之前，还要让新娘首先迈过一个火盆，以消除邪气，并取火的兴旺发达之寓意。广东一些地区，则干脆让新娘从一个点燃的火堆上直接跨过。有些地方，在新娘迈火盆的时候，伴娘与女迎宾还要唱喜歌，如"新娘过门跨火烟，明年添财又添丁"，"新娘迈火盆，大人生小人"等等。以火来驱邪，自古以来都是比较常见的习俗。古人认为，熊熊燃烧的火焰能使邪灵恶魔却步，同时也象征着婚后的日子红红火火。

◎婚礼高潮"拜天地"

经过射煞、走红毡、迈火盆、跨马鞍、撒谷豆等一系列繁琐的驱邪祈福的仪式之后，在迎亲太太的引导和伴娘的搀扶下，新娘总算姗姗来到喜堂前。接下来要举行的，便是象征夫妻结合的大礼——拜堂。

拜堂，亦称"拜天地""拜花烛"。拜堂之礼，是中国传统婚礼中最重要的一个礼仪。因为，只有经过这一仪式，双方新人才会被

拜天地的喜堂

社会公认为夫妻，婚姻才能成立。

南朝宋文学家刘义庆在其撰写的《世说新语》里面，讲述了这样一个故事：西晋时期，王浑丧偶，他在任徐州刺史时娶琅琊颜氏为后妻。婚礼那天，颜氏先拜王浑，王浑准备答拜时，参加婚礼的人们大声呼喊："王侯州将，新妇州民，恐无由答拜。"于是，王浑只得中止答拜。而王浑与前妻生的儿子认为父亲在娶颜氏时，不行答拜礼，所以颜氏也不应该是他的后娘，而是父亲讨得一个"小老婆"。因为此事，颜氏非常伤心，但慑于王家的势力，也只能忍气吞声了。

从这个故事可以看出，在西晋时期的婚礼中，新郎与新娘必须互拜。如果少去这一礼节，新娘将不被视为"合法夫妻"，而只能算是小妾。

关于拜堂这一风俗的起源，在我国中原地区还流传着这样一个故事：

女娲在造人之初，只造出了一个英俊的男子。他因为寂寞，便对天祈求，希望能够找到一个了解他的知心人。月老听到他的祷告，就送给他一个美貌的女子。当二人互相倾吐心声，决定厮守一生时，月老又领着土地公出现，并告诫二人，婚后生活还要依靠天地的帮助，成婚之前要对天地行叩拜之礼。此后，婚礼中拜天地就成了不可缺少的一项内容。

但是，传说毕竟是传说，在周公所制订的"六礼"中，并没有拜堂的礼仪。据史料记载，这一礼仪大约出现在两晋南北朝时期。到了唐代时，无论皇室贵族还是普通

老北京的传统婚礼

天地三界十方万灵真宰神祃

百姓，在结婚时都流行拜堂之礼。

到了宋代，这一礼仪已风行全国，所拜对象为天地、祖宗、舅姑（公婆），并夫妻交拜，表示从此女子成为男家家族的一员。因而，拜堂成为婚礼过程中最重要的大礼。司马光在《温公书仪》中论述新夫妇相拜之礼时就曾经说过："新人拜堂，始自近世。"

明、清时期，拜堂的范围扩大，除了天地祖先公婆及交拜外，还需要拜家族尊亲、好友宾朋。在农村地区，新婚次日拜完宗祠后，还需要拜揖乡党邻里，婚礼始告成立。

举行拜堂的仪式时，在喜堂正面放一张供奉天地诸神的"天地桌"。天地桌，就是一张正方形四腿四角的桌子，要平平稳稳，象征天地的东西南北四方。桌子上必须铺设红布，以示吉利。桌子上除了放置天地牌位、祖先牌位、彩印神祃、香炉、龙凤花烛之外，还要摆放"六证"物品等。天地桌的布置各地不尽相同，但主要东西相差不大。

拜天地仪式中供奉的花馍

天地桌后面和喜堂两边，都挂着亲友送的喜幛贺联和各种吉祥画，还有两把太师椅，是准备给男方的父母接受拜礼时坐的。吉时一到，燃香点烛，奏乐鸣爆竹。乐止之后，执礼人（即婚礼主持人）诵唱："香烟缥缈，灯烛辉煌，新郎新娘齐登花堂！"

牵巾

新人就位，新郎、新娘按男左女右次序站定。执礼人在一旁高声诵唱："一拜天地！二拜高堂（父母）！夫妻对拜！"

新郎新娘按照执礼人的指令，依次跪拜。随后，执礼人高声诵唱："动乐！送新人入洞房！"至此，鼓乐大作。

在众人的簇拥之下，新郎和新娘各执一条红绸巾的一端。红绸当中还绾成一个同心结，新郎背对洞房倒行，把新娘"牵"进屋内。这一婚俗礼仪，被称为"牵巾"。我国民间认为，这一习俗源于月下老人红绳系姻缘的传说。

那么，婚礼中牵巾所用的红绸为什么要绾一个同心结呢？

因为在中国传统文化里面，同心结有两结相连的特点，常常被视为爱情的象征，有永结同心之寓意。

据史料记载，同心结的出现，以及用同心结象征男女"永结同心"的口彩，至迟在南北朝时期就已经出现了。梁武帝曾写过一首《有所思》的诗，其中就有"腰间双绮带，梦为同心结"之句。因此，同心结便成为婚礼牵巾仪式的重要道具。

北宋时期的同心结，是由男家和女家各出一条彩缎绾成的，表示"结二姓之好"，从此两家齐心协力。不过，到了后来，牵巾仪式中的同心结逐渐流于形式，只是婚礼中的一个程序而已。而如今，婚礼中的牵巾风俗基本已经消失了。但是在许多婚礼上，人们仍会用以彩缎绾成"大红花"形状的结，作为礼堂的布置和装饰。此举，应该是古代牵巾风俗之流变。

随着牵巾礼仪的消失，传统拜堂习俗也发生了不小的改变。现代婚礼中的拜堂仪式多不跪拜，而是改为行鞠躬礼。"三拜"改为"三鞠躬"，即对父母鞠躬、对宾客鞠躬和夫妻相互鞠躬的形式。虽然在形式上发生了改变，但是其喜庆与热闹的气氛，却丝毫没有减弱。

◎美酒佳肴献宾朋

拜堂仪式结束之后，新娘进入
洞房坐帐，婚宴随即也就开始了。
婚宴，俗称"喝喜酒""吃喜酒"，
是婚礼期间为答谢宾客而举办的隆
重筵席。

待客的好坏，对于男家的形象
具有非同寻常的意义，往往直接影
响到男家的声誉和下面子女婚姻的

宴请宾朋的八仙桌

质量。因此，大多数人家都是竭尽全力将婚宴办得丰盛一些。

民间婚宴，礼仪繁琐而讲究，从入席安座到一席上菜，从菜品
组成到进餐礼节，乃至席桌的布置、菜品的摆放等等，各地都有一
整套规矩。

在旧时的婚礼习俗中，婚宴的位置和座次都是非常讲究的。各
地的规矩，也不是完全一致。婚宴摆席的地点，会随着各地风俗的
不同而有所不同，但大都摆在男方家中或其门外所搭起的喜棚中，
有的则以村中较为宽敞的公房作为宴请宾客的场所。

大宴宾朋少不了美酒

古时候宴饮，每人一席，席前放一
几案，席与席之间有一定的距离。后来
出现了坐床（类似于沙发）、椅、凳等
器具，并且有了饭桌。从此，才有了多
人围聚一桌宴饮或吃饭的情形。

旧时，摆酒席多用大方桌，8人席。
座次的安排很有讲究，一般来说，饭桌
靠后墙（所坐之人面对屋门）的一侧为
尊，靠后墙及靠门的一侧又以右为尊，
其余的两侧中，右面的一侧为尊，同一
侧则以内为尊。客人按照长幼、身份和

地位，从高到低排列座次。在就坐之前，客人往往都会互相谦让一番。

桌子的摆设也有讲究，方桌由于有条纹，应东西向，避免条纹正对上座，否则将被视为"欺心之桌"，对客人和自己都不利。

当然，民间在办喜事时，由于请人较多，而且来宾出席有早有晚，只能随来随入席。所以，除了上宾席之外，近亲席、朋情席等讲究不是太多。这些席位，只分上座、下座，一般没有主宾、陪客的提法。上座在方桌的里面，设有两张太师椅，序座时，照例让给长辈，下座一般都是随意而坐。

旧时由于受封建礼教的约束，男、女不能共席，即便像婚宴这样自由热闹的场合，男、女也必须分开，因此才会有"官客席"（男宾席）和"堂客席"（女宾席）之分。未成年的小孩，可以不分性别，跟随家长一同坐席。开席前，由知宾将茶座上的宾客往筵席桌上请，谓之"让座"。官客由男知宾让座，堂客由女知宾让座。

宴请大宾的上宾席，一般要摆在堂屋上首正中的位置。大宾，即"送客"，一般是由新娘的叔伯、舅舅或兄长担任。大宾中年龄最长者，坐在上方右边位置。上宾席，必须由新郎的叔伯、舅舅等有声望的长者作陪，以示尊重。

在北方地区，宴请大宾的上宾席一般要单开一班席。时至今日，那里仍沿袭着这一习俗。其他的上宾席，还包括宴请迎亲太太、送亲太太、媒人，以及本家请来的证婚人、司仪、伴郎、伴娘等。

婚宴的特点是不仅要丰盛，而且要带有喜庆色彩，更重要的上让客人们吃饱喝足。婚宴菜肴的数目都为双数，通常以8个菜象征发财，以10个菜象征"十全十美"，以12个菜象征"月月幸福"。比如江南地区流行的"八八大发席"，全席由八道冷菜、八道热菜组成。

传统婚宴菜品中原料一般都有鸡、鱼，象征吉祥喜庆、年年有余，而且一般都作为压轴菜上席。宴席中甜品的主要原料有大枣、花生、桂圆、莲子等，主要是取其谐音，祝福新人早生贵子。

传统喜事当然少不了"红"，婚宴中大部分菜肴都以红色为主调，一般有酱红、棕红、橘红、胭脂红等，给宾客带来一种喜庆的感觉。

在北方地区的婚宴上，一般少不了"四喜丸子"这道菜

婚宴的场面一般比较盛大，开宴之后，宾朋们笑语喧哗、推杯换盏，极为热闹。无论是近亲席，还是朋情席，本家一般都无暇亲自奉陪，吃喝随意，尽兴即可。对此，宾客们一点都不会介意。但是，对于大宾席本家却丝毫不能马虎。这从宴席菜品的安排上就能看出来，比如有些地区，大宾席上必须有清蒸猪肘子一个。另外，上多少个碟子，多少个碗或盘、多少个汤，敬多少次酒，都有约定俗成的规则。有的地方甚至第几道是什么菜，上几道菜开始敬酒，都有严格的要求。饭菜上到一半时，还要上点心，谓之"中饭"。陪客之人在席间要为大宾斟酒夹菜，敬烟续茶。每上一道菜，都要换到大宾面前，总之要礼貌周到，不失礼节。

婚宴的时间一般比较短，普通宾朋吃饱喝足之后，可以自行告辞。但是，宴请大宾的时间却普遍很长。在近现代山东青岛一带的婚俗中，大宾赴过正宴之后，新郎的父母及其长辈还要另设便宴单独款待大宾，一直到傍晚时分，俗称"喝黄昏酒"。饭后，大宾在众陪客的陪同下来到新娘面前，对新娘嘱咐一番，主要是说一些让其孝敬公婆、尊重丈夫的好听话。然后，他们才跟新郎的父母及长辈道别。"送大宾"，又是一个热闹的仪式。男方家所有体面的人都要到门口相送，以示敬重。

在有些地方的喜宴上，还有"洗媒"的习俗。因此，在喜宴还没有结束之时，媒人早已溜走，谓之"逃席"。倘若不提前离席，"洗媒"的人会把媒人的面孔抹成黑锅底。

由于各地风俗和饮食习惯的差异，婚宴的菜品也呈现出不同的特色。鲁南地区传统婚宴风行"八果四肴十大碗"，后来又增加了用大盘盛放的整鸡和全鱼，俗称"大件"。四川地区传统的婚宴中必须有红烧肉和甜味菜品。山东、河北、东北等地区的婚宴上，一般都

要上"四喜丸子"这道菜，以示喜庆。

汉口一带，正席上的第一道菜必定是红烧肉。制作"红肉"这道菜，在肉的种类上没有限制，但其颜色必须为红色，以取大吉大利之意。台湾地区的喜宴上，不仅有主菜、大菜，还要照顾所有人的口味，给宾客们上几道点心。在香港地区的婚宴菜品中，千万不能出现豆腐、荷叶饭一类的菜肴饭点。

婚宴上的菜肴本来都是供人们吃的，但出于某种礼仪，有的菜却只能看而不能吃，叫做"看菜"。"看菜"一般是一条经过炸制或腌制的鲤鱼或鲢鱼，在鱼的尾部贴着一张小红纸，这是"看菜"的标志。

"看菜"端上来摆放一会儿，就会被端下去。如果有人误伸筷子，就会被别人视为粗俗无知。这样消极的错误，极少有人会犯。除非是一些不懂事的孩子，因为好奇心的驱使，会趁大人不注意的时候，用筷子捅一下，但都会被身边的大人马上制止。

婚宴中的水果也扮演着重要的角色，不可轻视。传统宴席上一般选用石榴、西瓜、杨梅、蜜桃；忌讳上梨，因为梨与分离的"离"同音，不吉利。

在旧时的婚礼中，新娘过门之后需要坐帐。同时，由于受封建礼教的约束，新娘不可能像今天这样抛头露面，与众宾朋共宴，并挨席敬酒致谢。因此，自古以来，我国各地都有为新娘设立专

蜜三刀

门宴席的习俗。比如桂中一带，就有吃"新娘饭"的习俗。新娘进入洞房之后，宾客们开席赴宴。这时会在洞房里面安放一张桌子，新娘、媒婆、女伴、婆婆等共同用餐。

在浙江一些地方，还为新娘专门设立"新妇席"，女方家前来送亲的两个伴娘和男家邀请的两个未婚女子陪着新娘用餐。按照当地习俗，每上一道菜，只有新娘先动筷子，其他宾客才能吃。

在鲁南地区，婚礼当天傍晚，婆婆会为新媳妇准备一碗用蜂蜜

婚宴中最忙碌的人就是掌厨师傅

和香油调和而成的"蜜调油"。新娘食用的时候不能用筷子，而是使用红丝线捆绑着的大葱代替筷子。当地流行这样一句谚语："喝了蜜调油，一辈子不犯愁。"实际上，新娘出嫁了为了应对坐帐，往往在前两三天就没有正常吃饭了，而一整天的婚礼程序又让新娘感到十分疲惫。此时婆婆送来"蜜调油"，是为了让新娘补充体力，以便应对接下来的"闹洞房"活动。

婚宴之后，本家要送厨师红包，谓之"谢厨"。除了感谢厨师之外，还要感谢热情帮忙的邻居。旧时，普通百姓办婚事，一下子没有那么多餐具和茶具，所以只能从左邻四舍借来凑数。对此，民间俗称"借喜"。因此，在婚宴结束之后，本家在归还这些餐具与茶具的时候，往往都会带上糕点或喜糖等礼物，上门表示感谢，俗称"谢邻"。

喜宴的花销，在整个婚礼的开支中占着相当大的比例。旧时，一些经济拮据的家庭，因为好面子，讲排场，大摆酒宴，由此导致债台高筑者不在少数。

如今，随着生活水平的提高，以及攀比风气的盛行，婚宴所追求的档次也越来越高，动辄数十桌甚至上百桌的也很常见，菜品的价目更是令人咂舌。而对于这种蔓延于全国的攀比之风，人们是否应该适当地收敛一下了呢？

第六章：喧闹洞房，花烛浓情

◎初入洞房的风情

拜堂之后，新人入洞房。入洞房，则意味着年轻夫妇将在这里开始新的生活，共度一生的欢乐与坎坷。于是，在传统婚俗文化中，便诞生了一系列与洞房相关的习俗。

在中国传统婚礼中，新娘多是由新郎以绾有同心结的彩绸牵入洞房的。但正如俗话所说："共天空，各乡风。"由于各地风俗习惯的差异，新娘进入洞房的方式也并不完全相同，而且在新娘坐帐之前，还有一些有趣的祈子求福的习俗。

除了牵巾之外，我国南北民间皆有新郎抱新娘入洞房的习俗。拜过天地之后，身披彩绸的新郎就会抱起新娘，在一片欢笑声中，迅速进入洞房。时至今日，抱新娘入洞房的婚俗，仍普遍流行于全国各地。

在浙江开化一带，则是由新娘的舅舅亲自将新娘送入洞房。当新娘的舅舅送新娘入洞房时，新郎要跪在洞房的门口。新娘的舅舅要用彩笔为新郎画一个大花脸，一边画一边说吉祥话，当说到"子孙满堂"时，才停下笔，

温馨的洞房，是新人生活的开始

接着扶起新郎，然后将一根彩绸的两端分别递到一对新人的手中，并送新娘进入洞房。

在湖州一带，新郎新娘牵巾，踩着布袋入洞房。在洞房门口，迎亲太太会用一面圆镜子给新郎照一照，喊道："福星照明镜，明镜照新人，一照照出状元来！"照完之后，乐队顿时吹响洞房喜曲。与此同时，一群来自娘家的姑娘们拿着新娘从娘家带来的盐和泥土撒入新郎家的水缸里。男方的一帮中老年妇女亲属齐声高喊："结缘义啊！结缘义啊！"在一片喜乐、祝福声中，新郎新娘步入洞房。

在北方民间不少地区，新娘无论是自己走进洞房，还是由新郎抱入洞房，虽然头蒙盖头，但在进入正屋门和洞房门的时候，都要抬头仰面，据说这样以后可以少受气。如果低头进门，以后在婆家就会抬不起头来。

富贵双双到白头，是对新婚夫妇的美好祝愿

有些地区，还流行"抢入洞房""抢上床头"的习俗。旧时的女性多缠足，加之从出阁到入洞房前一直头蒙盖头，连行动起来都困难，怎么跟新郎争呢？

办法是这样的：由男女两家从迎亲和送亲的人当中，事先挑选好几名壮小伙。新人拜堂之后，他们分别簇拥着，甚至抱起新人抢入洞房。在争抢的过程中，有的新郎官为了"捷足先登"，匆忙将自己的新鞋脱下，抢先摔向床头，表示已经先登之意。所谓"新人上床，先到为强"，是说谁先进房上床，谁在生活中将是强者。话虽这么说，在男尊女卑的社会风气下，十有八九是新郎占先。新娘和新郎"同时到达"，就已经是占"上风头"了。

抢先进入洞房的习俗，人们普遍认为，是母权制与父权制激烈斗争后的一种残留风俗。

有的地方则相反，如在苏州一带，民俗认为"谁先坐下，谁在婚后将受欺负"。因此，当一对新人进入洞房后，两人互相推让，谁也不愿意先坐到婚床上去。如果时间拖得太久了，在亲友的催促下，

民间泥塑艺人以入洞房为题材创作的泥塑作品

新郎会做出让步而率先坐在婚床上。

在我国大多数地区，新郎与新娘是一起进洞房的。但在海南琼崖一带，新郎却早早地溜进洞房，且要手持扇子站立在一把椅子上，等候新娘进洞房。当伴娘搀扶着新娘进洞房之际，新郎会在新娘的头上敲一下，意为告诫和警示新娘，婚后要服从丈夫的管束，不可以任性妄为。

在陕西中部地区，在新人走进洞房快要上炕时，婆婆就把一对又长又圆、两端绣有吉庆图案的枕头，倚立炕沿。枕上还用一根红线拴了绣花的布老虎和白兔，用可爱的白兔比喻新娘，把新郎比作威武的老虎，红线则是姻缘的象征。婆婆会让新人共同推抱枕头，以示天结良缘，美满幸福。

江苏扬州婚俗中最担心的是新娘将妖魔邪气带入洞房，所以洞房还有"冲煞"之俗。在进洞房的通道上摆上一张"爬爬凳"，凳子上用红带子缚着一把斧头、一束葱。新娘子头蒙红盖头，在迎亲太太的搀扶下，小心翼翼地碎步行走，跨过"爬爬凳"进入洞房。俗谓斧头砍掉了"三煞"，大葱冲走了"三煞"，新娘就能永远光洁，夫妻康宁。

◎新娘"坐帐"求富贵

新娘进入洞房之后，第一个仪式就是"坐帐"。坐帐，亦称"坐床""坐富贵"或"坐时辰"，是一种非常古老的习俗，曾流行于全国各地。

北宋孟元老在《东京梦华录》中谈到"坐帐"风俗时说："入门于一室内，当中悬帐，谓之'坐虚帐'。或只径入房中，坐于床上，亦谓之'坐富贵'。"

坐帐之俗，在古代文学作品当中很常见。比如《金瓶梅词话》在述及陈敬济结婚时写道："到守备府中，新人轿子落下。戴着大红销金盖袱，添妆含饭，抱着宝瓶，进入大门。阴阳生引入画堂，先参拜家堂，然后归到洞房。春梅安他两口坐帐。然后出来，阴阳生撒帐毕，打发喜钱出门。鼓手都散了。"（坐帐，是旧时新娘必须面对的一项挑战。）

坐帐，是旧时新娘必须面对的一项挑战

曹雪芹在《红楼梦》第九十七回写到贾宝玉大婚的时候，也提到了坐帐的习俗。由此可见，这种习俗在古代就已经广泛存在于婚礼之中了。

在传统婚俗当中，新娘入洞房之后，要按照一定的方向坐在床上，具体面向哪个方向，按命相先生预先指定的入座。

比如说，事先选择好了面向北，那床就放在靠北墙，新娘只能面向北墙去坐了。这时候，新房里的人不多，因为有不少禁忌。有忌四相或是六相的，即在十二属相中忌4种或是6种属相，并且严禁寡妇进入新房。这时候，新娘家的人，只要属相不在禁忌之内，就可以进新房去看一看新娘，通常都是新娘的哥哥或弟弟看。

有些地方，在搀扶新娘上床或上炕坐帐时，还要让新娘踏过布匹、高粱，取"步步高升"之意（"布"与"步"谐音，并借"高粱"的"高"字）。在山东沿海地区，新娘坐帐时脚踏的是一块用红纸包裹的锤布石，同样是取其"步步高升"的寓意。也有在帐内褥子下放一把斧子的，并把坐帐称为"坐福"。

旧时，坐帐对每一位新娘来说，都是一件非常考验耐力的事情。而对于新郎来说，这一礼仪

新娘坐帐时，一般要用红布包一把斧头放在被子下，也有些地方以桃木斧替代，谓之"坐福"

更像是一种形式。

在新娘上床盘腿坐定之后，新郎在迎亲太太的指导下，在新娘的身旁坐下；然后，新郎将自己的左衣襟压在新娘的右衣襟上，表示男女已经同床，同时也寓意男人压女人一头。

一些讲究的人家则提前支起帐子。新娘坐帐后，新郎也陪伴坐下，将帐幔拉上，两个人在帐子里坐一会儿，表示已经共宿。新郎陪伴新娘坐帐的时间很短，而后他就需要离开洞房，与家人一起招待宾朋。

在坐帐时，新郎以自己的衣襟压一下新娘的衣襟来代表已经同床

然而，新娘却没有这样自由了。在过去，坐帐是一件严肃的事情，坐帐的新娘决不允许乱动。民间普遍认为：坐而不动，主婚后大富大贵；坐而乱动，主娘家受穷受罪。因此，为了娘家的财运，新娘是丝毫不敢大意的。据说，在最早的时候，新娘坐帐要连坐3天。更令人感到不近人情的是，新娘在坐帐期间，不准下床，更不准离开半步。这对于新娘来说，简直是一种非人的折磨。后来，或许人们也意识到这一点，便将坐帐的时间改为一天，再后来改为坐一下午。

即便是坐一下午，也给新娘带来很大的不便。为了避免在结婚之日坐帐时难堪，过去在我国民间许多地区都有"饿嫁"的习俗。所谓"饿嫁"，就是新娘在结婚前的两三天就要控制饮食。有的地方，姑娘甚至在出嫁前十天左右就不敢吃面食，每顿只吃鸡蛋和大枣。此时，家人一般也特意为临嫁女安排营养较高的食品。在出嫁前上轿时，新娘往往再渴也不敢喝水。

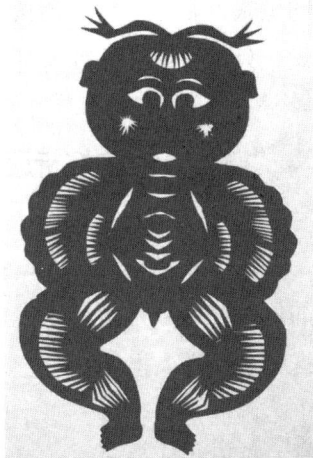
过去，西北地区的新娘在坐帐时，喜神方位的墙壁上经常会贴一种名为"抓髻娃娃"的喜花

麒麟送子

关于"饿嫁"这一习俗的起源，我国民间有两种说法：一种说法是新娘省下饭，留给娘家发家；另一种说法是，女儿将离娘家门，心中难过得不思饮食。

实际上是因为在婚礼当天，从清晨到深夜闹房，新娘一整天不便上厕所而做的防范罢了。

按风俗，坐帐之时，会有一群小孩子前来讨喜糖。对于这群小孩子的起哄打闹，伴娘自然会想方设法为之搪塞。山东南部与江苏北部交接地区，还有一种名为"麒麟送子"的习俗。按当地风俗，新婚之时，洞房的窗子必须用红纸糊得严严实实的。

等新人进入洞房之后，再让一个活泼可爱的小男孩，拿一双红筷子，将红纸戳破，从纸孔往里看新娘。人们在洞房中看见胖胖的、可爱的小脸蛋映在窗上，一对眼珠骨碌碌转，笑眯眯地往里瞧，以此象征"麒麟送子"。

时至今日，在一些农村地区，坐帐的习俗还在沿袭着。但如今的坐帐，新娘不仅不用按照老规矩盘腿打坐，而且坐的时间也非常短，只不过走一下过场而已。

◎ "撒帐"的美好祈愿

在新娘坐帐的同时，我国南北各地均有"撒帐"的习俗。撒帐的仪式，一般是由迎亲太太主持。有些人家，是从亲属长辈妇女中选一名吉祥人担任。

她们手执托盘，盘中盛着喜果，如枣、栗子、桂圆、花生、荔枝等。有的地方还撒麸子和盐等物品。

她们一边抓着喜果撒向寝帐，一边唱着撒帐的歌谣："从来不进新人房，新人请我来撒床；叫秋菊，和海棠，拿来瓜果我撒床。

撒帐仪式上使用的吉祥干果

一把撒在床里边，得个小孩做武官；一把撒在床外边，得个小孩做状元。一把麸子，一把盐，大的领着小的玩；一把胡桃，一把枣，大的领着小的跑。"

湖南长沙地区的"撒帐歌"则这样唱道："果子撒床，儿孙满堂；果子撒地，状元及第。果子撒东，福禄同来；果子撒西，天生一对好夫妻。"

山东青岛地区的"撒帐歌"比较简短："一把栗子一把枣，小的跟着大的跑。"鲁西南一带的"撒帐歌"更加逗趣："一把麸子一把枣，明年生个大胖小；爬这头喊他爹，爬那头喊他娘。"类似的歌谣，可谓数不胜数。

撒帐习俗，其实是对新人早生贵子、富贵长寿的一种美好祝愿。这一习俗，在我国民间有着十分悠久的历史。

据史料记载，撒帐的习俗始于汉武帝时期。元末明初学者陶宗仪所编纂《说郛·戊辰杂抄》云："李夫人初至，帝迎入帐中共坐，饮合卺酒，预告宫人，遥撒五色同心花果，帝与夫人以衣裾盛之，云得果多，得子多也。"

到了唐、宋时期，撒帐已经成为一种流行于民间和上流社会的风俗。当时，人们在婚礼撒帐时，不仅撒干果，还要撒金钱。

北宋孟元老在《东京梦华录》中记载了宋代撒帐的习俗："凡娶妇，男女对拜毕，就床，男向右，女向左坐。妇以金钱彩果撒掷，谓之撒帐。"当然，唐、宋时期撒帐所用的金钱，大都是特制的花钱，即"厌胜钱"。其形制大小各异，正面所铸的文字多为

撒帐

"夫妻偕老""早生贵子""金玉满堂""忠孝传家"等吉祥语。

根据南宋学者洪遵撰写的《泉志》来推断，采用金钱撒帐的习俗应该起源于唐代。

清代至民国期间，撒帐的习俗仍流行于全国各地，只不过以金钱撒帐的方式，在民间已经很少见了。

早期撒帐用到的"长命富贵"花钱

在此期间，我国民间很多地区的撒帐仪式，已经演化成为一种娱乐、嬉戏的活动，成为闹洞房的一个序曲。迎亲太太在撒帐的时候，除了将果子撒在床上，还要在洞房内任意抛撒，以便让妇女儿童满地捡拾。众人在争相拾取果子时，闹成一团，笑声不断，新房里洋溢着欢乐的气氛。

现代，在不少农村地区的婚礼仪式中，仍沿袭着撒帐的习俗。虽然撒帐所用的物品、撒帐的时间，以及所撒物品的方向等诸方面皆有变化，但其中所包含的"求子与求富贵"的意义，并没有发生多大的变化。

◎秤挑盖头露芳容

挑盖头，又称"揭盖头""露脸""初会"等。这是在撒帐仪式之后的又一个重要的婚俗仪式。

红盖头

盖头，是新娘上轿前梳妆完毕后，在闺房中由送亲太太给罩在头上的，之后要一直戴着。一直等到男女双方拜过天地，进入洞房之后，新郎才亲手揭去头上的红盖头。这时，两位新人才能互相直视面容的俊丑。双方满意与否，是喜是乐，是悔是恨，全在此刻表现出来。"夫妻相识在洞房"这句俗语，说的就是这个情景。

然而，在不同时期、不同地区，挑盖头的时间和行使权并不完全一样。有些地方，在新娘入洞房之前便将红盖头揭去。据南宋吴自牧《梦粱录》记载，当时挑盖头是在男女拜堂的时候，由男方家的女眷使用秤或机杼挑去。

明代唱本《玉镜台记》里面有这样一节："（老旦）请新人出来拜堂（夫妻对立着，丑揭盖头）唱：三尺红罗覆绿鬓，盖头高揭露朱颜，娇羞敛衽低头立，佼俏才郎偷眼看……"从唱词中可以看出，新娘的盖头是在拜堂前，由主婚人揭开的。

行使揭盖头权利的，除了男方的女眷、主婚人，还有新娘的婆母或婆祖母，迎亲或送亲太太等。如湖南祁东一带，新娘的盖头则是由婆婆挑下来的。当新郎新娘双双坐在床边的时候，婆婆手拿用红纸包起的两双筷子，轻轻地挑下新娘的盖头，寓意催促新娘快快生子。

更为有趣的是，在山东莱阳一些地区，新人拜完天地，在入洞房之前，由公公用秤杆挑去新娘的红盖头。而且挑下来的红盖头要立即甩到屋顶上去，甩得越高越吉利。贵州山区一些地方，有公公挑盖头的习俗。但是，公公将盖头挑下来之后，并不是赶紧甩出去，而是交给老伴。新娘的婆婆赶紧将红盖头揣入怀里，以示婆媳一条心。

在安徽安庆一带，全福太太在代替新郎挑盖头的时候，还要唱喜歌，如"小秤杆，圆溜溜，我替新人挑盖头。盖头挑在床檐上，一个一个状元郎。"旁边的人齐声唱"好！"。

挑盖头使用的物品也是五花八门，秤杆、机杼、筷子、擀饼柱子、竹尺、马鞭、剑、箭，等等。其中的机杼（俗称"胜子"，谐音"生

秤挑盖头露芳容

子")、筷子（快生子）、擀饼柱子（住子）等，皆含有祈子的意思。另外，秤杆、剑、箭等，都是男根的象征。挑盖头这一举动，形象地模拟了初夜行为，自然也是为了生子。

自清代起，挑盖头仪式最通行的方式，就是在洞房里，由新郎以秤杆挑去新娘头顶上的红盖头。有钱人家，则是采用玉质或木雕的如意来挑盖头，含有"称心如意"之意。

富裕人家的婚礼，通常使用玉质或木质的如意来为新娘挑盖头

用秤杆挑盖头，是因为旧秤一斤为十六两、十六星，按南斗六星，北斗七星，再加福、禄、寿三星，共十六之数，取"吉星合到，大吉大利"的意思。

宋代以前，在新郎完成挑盖头的仪式之后，还有"遮扇"与"去扇"的习俗。因为新娘被揭去盖头后，与众多的陌生宾客相见必有娇羞之态，于是便要以扇遮羞，叫"遮扇"。新娘即使再行礼，也只是低垂扇子，微微屈身一福，直到整个婚礼完成才去掉扇子，称为"去扇"。

汉魏南北朝以来，直到唐宋，"遮扇"和"去扇"一直都是婚礼中的重要风俗仪式。许多诗文中对此多有吟咏，如梁朝何逊的《看新婚诗》有"何如花烛夜，轻扇掩红妆"；唐代杨师道的《初宵看春婚》诗有"隐扇羞应惯，含情愁已多"；等等。

这两个习俗的起源，大概与伏羲女娲"障扇成亲"的传说有关。可是，到了宋代以后，遮扇风俗却在婚礼仪式中逐渐消失了。

这位可爱的新郎为了看清楚新娘的芳容，不惜将花烛端到新娘的面前

新郎行使揭盖头的"专利
权",所包含的寓意,既有美好
的祝愿,又有男尊女卑观念的宣
泄。甚至,有关男尊女卑的寓意
要由新郎之外的一些人来帮助暗

插花卜吉

示。如在晋中祁县等地,新郎用秤杆挑去新娘的盖头,然后退出。
之后,新娘的大伯嫂或家族的其他平辈妇女,脱去新娘的鞋子,为
她另换一双,寓意"换新鞋,就新范",意在告诉新娘日后行事要按
男家规矩,要受婆家的约束。

在北京地区,一些有心计的新郎在挑下盖头之后,必定将其坐
在臀下,意思是婚后可以压她一辈子。女方家的送亲太太若是手疾
眼快,就不容他坐下,赶紧夺过来,口里说声:"高升吧!"这种新
人"斗智"的场面,给传统婚礼增添了不少乐趣。

在揭开盖头的瞬间,南北各地均有"插花卜吉"的习俗。新郎
将新娘头上的绒花摘下一枝,任插一处。有的说"插于上方生子,
插于下方生女",有的人则说"应插花于窗台上,插得越低,生子的
日子越近"。说法极多,莫衷一是。故而,有的人家干脆让新郎将花
插于"喜神方位"的窗户或墙壁上。总之,这算是预卜,也算是家
人祝愿婚后早日生儿育女,以便给家族传宗接代。

挑盖头这一婚俗的多样化,可以看作是对"百里不同风"这句
古老民谚的最好诠释。

◎ "合卺"与"合欢饭"

挑盖头仪式结束之后,新人彼此之间有了第一次直观的认识,
无论满意还是失望,在木已成舟的情况下,只能接受现实。

接下来,新郎与新娘要举行另一个重要的仪式,即"合卺"。所
谓"合卺",其实就是我们现在所说的喝"交杯酒",有的地方称
"合婚酒""交心酒"等。合卺虽然不在"六礼"之内,但自古以来
就是婚礼程序中的一个重要礼仪。

合卺之礼，始于周代。《礼记·昏仪》中写道："（夫妇）共牢而食，合卺而醑。"卺是一种匏瓜，俗称"苦葫芦"，味苦不能食用。合卺，就是将一只卺破为两半，各盛满酒，新郎新娘各饮一卺。用卺盛酒，因为卺味苦，所以酒味也是苦的。喝下卺中苦酒，意味着婚后夫妻应当同甘共苦，患难与共，同时也寓意夫妇二人如同此卺一样合二为一，紧紧地拴在一起了。又因为匏是古代八音乐器之

清代帝王婚礼合卺时使用的银质鎏金执壶

一，它含有音韵调和之意，所以合卺也意味着新郎新娘婚后应和睦协调，结为琴瑟之好。

到了唐代时，人们已不再用瓢状的匏爵，而是直接用酒杯，称为"合欢杯"。如唐代诗人宋之问在《寿阳王花烛图》诗中咏道："莫令银箭晓，为尽合欢杯。"

更为有趣的是，有些人家在举行合卺之礼时，让两个小该（称为"卺童"）对坐，让他们手里各捧一个酒杯，给他们斟上酒，然后

明代帝王婚礼时使用的玉质合卺杯

卺童说："一盏奉上女婿，一盏奉上新妇。"凡是新郎有酒量的，必定要连饮三杯。

到了宋代时，又称合卺为"交杯酒"。宋代孟元老《东京梦华录》一书在描述宋代新人互饮交杯酒的风俗时写道："用两盏以彩线连之，互饮一盏，谓之交杯。饮讫，掷盏并花冠子于床下，盏一仰一合，俗云大吉。"南宋吴自牧《梦粱录》中的记载大致相当："命女执双杯，以红绿同心结绾盏底，行交卺礼毕，以盏一仰一覆，

安于床下，娶大吉利意。"

由此可见，在北宋时，当新郎新娘进入洞房后，司仪将准备好的用彩线串成对的酒杯给新郎新娘饮，叫作"交杯酒"。酒饮完之后，新郎新娘又将酒杯扔到床底下，如果一只杯口朝上，一只杯口朝下，这是喜兆，大家会喝彩庆祝。不过，任意扔两只杯子，要使其"一仰一合"的概率太小了。到了南宋，人们干脆"以盏一仰一覆，安于床下"，讨个吉利。

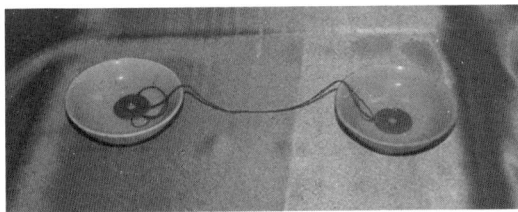

民间婚礼使用的合卺杯

从此以后，合卺为"交杯酒"所替代。此礼含义深，又简单易行，故一直流传至今。

除了饮交杯酒之外，全国各地均有吃"合欢饭"的习俗。合欢饭，亦称"合卺饭""团圆饭"等。这是新婚夫妇在开始新的生活之前，两个人在一起吃的第一顿饭。

在我国民间，自古以来就有新郎新娘在举行婚礼时共同进食的风俗习惯。古时称之为"同牢"，又称"共牢"，是古代婚礼中新婚夫妇同食一牲的仪式。

据东汉著名史学家班固撰写的《汉书·王莽传》记载："进所征天下淑女杜陵史氏女为皇后……莽亲迎于前殿两阶间，成共牢之礼于上西堂。"可见，在汉代时，新婚夫妇同吃一桌饭的习俗就已经出现了。

宋代以后，这种新婚夫妇同食一牲的仪式逐渐消失了。随着时代的发展，"同牢"习俗逐渐演化成了具有地方特色的"合欢饭"。

由全福太太主持的合卺仪式

老北京婚俗，在交杯酒结束之后，大厅里面还会摆上一桌酒席，老北京俗称"团圆饭"。席间，新郎新娘坐上席，迎亲和送亲的太太，以及其他宾客均坐陪座。筵席一开始，新郎和新娘都必须先吃一大口馒头，吃馒头表示"满口福"，吃丸子表示"团圆""圆圆满满"。

在北方众多地区，新婚夫妇还有同吃"子孙饺子"和"长寿面"的习俗。子孙饺子是由女方家包好带来的，由男家煮熟，同时男家还要做长寿面。吃子孙饺子的时候，照例要有一群孩子在窗外问："生不生？"迎亲太太或新郎立即回答："生！"或者干脆把饺子煮得半生不熟，让新娘自己说"生"。这叫"讨口彩"，是早生孩子的吉兆。

山东沂蒙山地区，在喝完交杯酒以后，新娘要吃生鸡蛋。鸡蛋往往只煮到八分熟，新娘吃时，别人故意问"生不生"，新娘则轻轻答以"生"，即生养孩子之意。然后，还要吃栗子、枣子之类，迎亲太太在一旁念道："先吃栗子生贵子，先吃枣子生娇娥。"

随后，小姑和婆婆也登场了。先是小姑将一个新买的尿盆放在床下（尿盆里往往放几根生豆芽），同时大声念道："撂小盆，撂小盆，待到来年抱小侄。"婆婆则将一个木墩放在床下，同时大声念道："撂木墩，撂木墩，待到来年抱孙子。"

接下来吃长寿面，在场的人为了凑热闹也都抢着吃。新婚夫妇吃完团圆饭之后，一对新人要去抬尿盆，俗谓"抬聚宝盆"。此时，婆婆将洞房门关上。新娘叫门，婆婆问："是谁？抬的什么？"

新娘答："您媳妇和您儿，抬的是聚宝盆。"然后开门放行。

在潮汕一带，则兴吃"结房圆"。所谓"结房圆"，就是用糯米粉做成的汤圆。新郎新娘入洞房后，伴娘一边看着他们吃结房圆，一边念道："夫妻同食结房圆，同心同腹同肝肠；夫妻食到二百岁，双双偕老坐福堂。"新郎新娘各吃两粒汤圆之后，互换碗盏，再吃两粒，俗称"交杯换盏"，以示亲密和合。

子孙饺子

浙江平湖一带的合欢饭，竟然是两碗冷饭，外加两根咸菜条，当地人俗称"小夜饭"。小夜饭，是在新娘出嫁时由母亲为其准备的。用两只碗盛好饭，上面放两根咸菜，再将两碗饭反扣在一起，放入嫁妆箱内带到男家。饮完交杯酒之后，由男方家长辈从箱中取出来，捧给新娘新郎食用。

由于各地风俗饮食习惯的差异，合欢饭的形式可谓丰富多彩，此处不再一一列举了。

如今，在全国大多数地区的婚礼仪式中，仍沿袭着饮"交杯酒"与吃"合欢饭"的习俗。只是随着时代的发展，这些古老的习俗融入了更多现代时尚的元素，已经逐渐变得五花八门了。

在古代婚俗中，饮了交杯酒之后，往往还要行"结发礼"，亦称"合髻"。结发礼，与上一章提及的"上头"，在意义上并不一致，且存在着较为严格的区别。

作为婚俗中的一种仪式，结发礼是新婚夫妇进入洞房之后将头发联结在一起，表示结为夫妻的仪式。值得注意的是，这种仪式仅仅用于原配夫妻的结合中，续娶妻室不能行此礼。也就是说，只有原配婚姻才被称为"结发夫妻"。

上头，是婚前的准备阶段，在婚礼前举行，象征着女性已经具备了结婚的年龄条件。而结发礼，则是在拜堂之后进行，象征着夫妇的交融与结合。两者在时间和象征意义上，都是完全不同的。

结发礼，是一个非常古老的习俗。在古代典籍《仪礼·士昏礼》中，便有关于此俗的记载："主人入室，亲脱妇之缨。"意思是说，只有丈夫才能解开新娘盘着的发髻，然后相拥相抱、恩爱缠绵。

在唐代时，结发礼被称为"合发"。夫妻双方在进行结发仪式时，要念"合发诗"："本是楚王宫，今夜得相逢；头上盘龙髻，面上贴花红。"到了宋代时，这种仪式又被称为"合髻"。南宋吴自牧在《梦粱录》中写道：

合卺桌

"行交卺礼毕，以盏一仰一覆，安于床下，取大吉利义。次男左女右结发，名曰合髻。"

近现代的男女，不再行"冠""笄"之礼，结发礼也就逐渐淡化了。即便是在一些沿袭旧俗的偏远地区，也只是象征性地用新梳子在新郎、新娘头上梳几下，表示一下仪式即可，并不真正地合髻重梳发式。在大多数人的眼里，"结发"早已变成一个古老而陌生的名词。但是，人们在心理上对"结发夫妻"还是充满了深厚的感情。

在现代婚姻礼俗中，合卺之礼仍然以一些特殊的形式沿袭着。

◎ 新婚之夜任人"闹"

自古至今，凡娶亲纳妇，在新婚当夜，必有众亲友在洞房嬉闹新娘和新郎的习俗。因为这个程序多发生在洞房里，故称为"闹洞房""闹房""闹新房"。由于这一习俗以新娘为主要逗趣对象，许多地方又称"闹新娘""耍新娘"等。

经过一天的劳顿之后，新婚夫妇均已疲惫，尤其是新娘，往往在头一天便进入角色，多么想安静下来享受新婚的喜悦啊！然而此时，还有一项更加艰巨的任务在等着考验他们。亲友邻居早已围坐在新房之中，喧闹嬉戏新人的游戏开始了。

几乎所有的新婚夫妇，都要经历"闹洞房"这种仪式的考验。哪怕在今天，在大都市生活的现代人，也不能幸免这一被戏谑的"闹剧"。

闹洞房，是我国传统婚俗中不可缺少的一环，在许多民族中均盛行。有句俗语道"三

欢快的鼓乐声，拉开了闹洞房的帷幕。

日无大小"，说的就是新婚后三天内，不分男女老少，均可以到新房去"闹"一番。

关于闹洞房这一习俗的起源，在我国民间还流传着这样一个故事：相传在很早以前，紫微星神装扮成一个平头百姓，下凡体察民情。偶然间，他在乡间的小路上遇到一个披麻戴孝的女子，尾随在一伙迎亲队伍的后面。她躲躲闪闪，时隐时现。但紫微星神一眼就看出来了，那是一个魔鬼，在伺机作恶。

紫微星神一直跟着这伙娶亲的队伍来到新郎家。只见那女鬼闪身躲进了洞房，紫薇星神见状，便也走进洞房，然后搬来一把椅子坐在门口，死死守住这个女鬼。

当新郎新娘拜完天地入洞房时，紫薇星神守着洞房门不让进，说里面藏着一个女鬼。众人都很惊惧，连忙问道："我们怎么看不到呢？"

紫薇星神回答说："你们都是凡人，眼力不行，只有我能看见。"

众人见紫薇星神器宇不凡，便相信了他，并跟他请教驱鬼之法。紫薇星神说："魔鬼最怕人多，人多气盛，魔鬼就不敢行凶作恶了。"

于是，新郎一家便请了很多客人到洞房里来嬉戏说笑。果然，到了五更时分，女鬼见不能得逞，就溜走了。

从此以后，民间便留下了闹洞房的习俗。

也因此，我国民间各地对闹洞房这一习俗，才会有"闹发，闹发，越闹越发"，以及"人不闹鬼闹"的说法。

闹洞房这一习俗起源于何时，并无确切的史料记载。汉代以前还没有这一风俗，因为儒家所制订的婚姻"六礼"，都是在十分庄重肃穆的气氛中程式化地进行。整个过程古板而沉闷，没有任何喧闹纷攘的场面。

进入汉代以后，婚礼奢侈之风兴起，富贵之家无不大操大办。这种以婚礼炫耀富贵的风气，必然使婚礼世俗喜庆色彩越来越浓厚。孔

相传，民间婚礼闹洞房习俗的起源，与紫薇星神有关。

清代苏州桃花坞年画《闹新房》

夫子"娶妇之家，三日不举乐"的古训，已经无法抵制婚姻喜庆欢乐的世俗风气。因此，闹房风俗在汉代民间开始兴起。《汉书·地理志》记载："燕地嫁娶之夕，男女无别，反以为荣。"在新婚之夜，男女老少众宾客齐聚一堂，除了那些被认为不吉利的人之外，每位来访宾客都能参加闹房活动。

东汉末年哲学家仲长统在《昌言》中，记载了当时的闹房习俗："今嫁娶之会，捶杖以督之戏谑，酒醴以趣之情欲，宣淫佚于广众之中，显隐私于亲族之间，污风诡俗，生淫长奸，莫此之甚。"

这段记载，是我们现代所能见到的最早的关于闹洞房的直接描述，也是最早的对闹洞房习俗的批评文字。

通过以上描述来看，汉代闹洞房婚俗是用棍棒责打戏谑新娘新郎，喝醉酒后就无所顾忌，在大庭广众面前说些淫秽的话，在亲戚朋友面前暴露隐私。因此，作者认为这种污风陋习伤风败俗，不断然禁止是不行的。

到了魏晋、南北朝时期，民间闹洞房的习俗更加盛行。东晋葛洪在《抱朴子》一书中，便曾提及当时闹洞房的一些恶俗：晋朝人在大庭广众之前，问新娘子一些令人难以启齿的话。甚至宾客因喝酒喝得酩酊大醉，没有一点节制，闹洞房时用棍子敲打新娘，导致新娘流血、骨折。

《北史·后妃传》记载北齐段韶的妹妹嫁文宣帝为昭仪，婚礼之夕，段韶的妻子元氏用民间的"闹女婿法"戏弄文宣帝。文宣帝为此暴怒，认为自己受辱，就对段韶留下狠话："我会杀尔妇！"吓得段韶的妻子藏匿在娄太后家不敢出来，并且终生不敢见文宣帝。由此可见，在南北朝时期，"谑郎""戏妇"的民间闹房习俗，在皇宫内也产生了很大的影响。

唐代，闹洞房的习俗更加广泛和普遍，不但来访道贺的亲朋好

唐代大书法家颜真卿对闹洞房之俗感到深恶痛绝。

友有戏谑新人的权利，甚至连陌生路人都可以"障车"，对新娘品头论足，动手动脚，并向新娘索要红包。因此，唐朝的大书法家颜真卿曾上奏章，请求皇帝废止这种"不良风俗"。

宋代理学发达，大力提倡符合儒家规范的婚姻道德及礼制。过去的流风遗俗受到很大的限制，但是闹洞房的习俗并没有因此禁绝。

到了明代，闹洞房时责打新郎新娘的陋俗已经彻底消失了。然而，"戏妇"的花样却是层出不穷。在结婚的晚上，一大群亲戚朋友坐在新娘房中，有喊的有叫的，有坐着的也有躺着的，一直闹到深夜蜡烛燃尽为止。有的地方甚至一直闹到天亮。而且新娘长得越漂亮，闹得越厉害。闹者必定会百般调戏扰乱，使新人通宵不能入睡。

当进入闹洞房的程序时，新郎官因"亲婿避匿"之说而不在洞房里，只留新娘一个人。闹洞房的男人们则会想着法子调戏新娘，比如有的人把新娘的衣服掀开，用针刺她的皮肤；有的人把新娘的鞋子脱掉，去量她脚的大小。这哪里是"戏妇"，简直是施虐和施暴。

清代时，闹洞房的习俗仍盛行不衰。当婚礼进入到闹洞房的环节时，新郎不再"避匿"，而是与新娘同在洞房里，任客人们戏弄。亲戚、朋友、族人和邻居，不分老幼，聚集洞房里，提出各种难题来为难新妇；或者用粗暴下流的语言来戏弄新郎。有的人甚至用鞭炮恐吓新娘，有的新娘还会因受惊吓而得病，娶亲的人家为此而耗费大量钱财。

中国最早的旬刊画报《点石斋画报》曾讲过这样一个故事：清康熙年间，上海宝山县令接了一个棘手的案子。原告是前日刚刚结

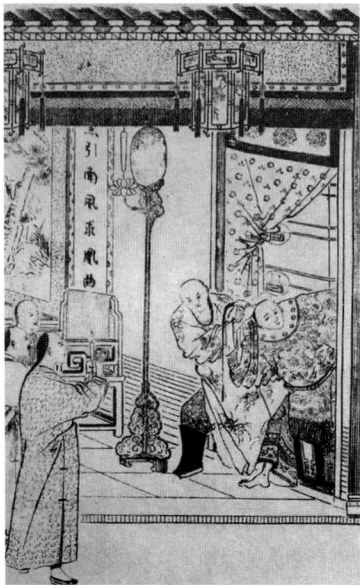
新郎与闹洞房的小泼皮发生了争执

婚的新郎官，被告是同村的小泼皮。告状不为别的，就为小泼皮在新郎新娘结婚那天闹洞房闹过了头，惹得新郎火起，和小泼皮动起手来。结果，新郎被小泼皮打得鼻青脸肿。于是乎，人生四大喜事之一的"洞房花烛夜"成了"治病疗伤夜"。

新郎官哪咽得下这口气，便告上衙门。县太爷听完新郎官的陈述，觉得小泼皮实在过分，便准备关押他几天，替新郎消一消气。可是，小泼皮却振振有词地说："新婚三日无大小！"县太爷一听，也觉得有道理，一时犯了难。

《点石斋画报》并没有说明此案的结果，依据当时的风俗，小泼皮应该不会受到什么惩罚，而新郎官也只能是吃个哑巴亏吧。

到了近现代，闹洞房的习俗逐渐演变成为新婚夫妇在洞房内接受亲友祝贺、嬉闹的活动。

我国地域辽阔，人口众多，不同的地区，在生活及风俗习惯上均存在着一定的差异，因此，在闹洞房活动上也存在一些独特的风俗。比如从闹洞房的时间上来看，我国民间自古就有"三日无大小"的说法。不过，闹洞房的时间大都安排在结婚当夜进行。但在南方一些地区，也有连闹三夜至五夜的。旧时，在浙江武义一带，闹房的时间主要是看主家请几天客，请两天客就闹两天，请五六天客，就闹五六天。在福建厦门一带，闹洞房的最大特点是闹的时间特别长，在一个月之内的白天和夜间随时可以闹，但在结婚当天晚上闹得并不怎么凶。

在闹洞房的形式上，更是花样百出。山东地区闹房，是从饮交杯酒开始的。新婚夫妇饮交杯酒，夫妻同时各饮半杯，然后交换酒杯再饮。这时，闹房者就开始"闹"起来，让新郎新娘相互布菜，

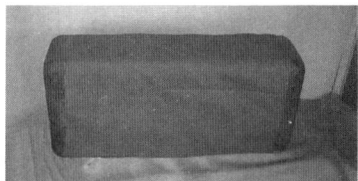

山东栖霞等地婚礼闹公婆时，由新娘公爹来滚动木墩，俗谚道："爷爷滚墩，来年抱孙！"

甚至互相喂菜等。接下来就是"啃苹果""啃糖"等。如用一根细线系一个苹果，悬在半空，有意让它晃动，然后让新郎、新娘同时去咬苹果。新郎、新娘往往是苹果没有吃到，却碰到了头，或接了吻。也有的地方是剥一粒瓜子仁，先给新娘含在唇边，再叫新郎张嘴伸舌，去吃这粒瓜子仁。这其实是要让新郎、新娘公开接吻。

甘肃南部地区闹洞房时，闹房者不仅有亲戚和新郎的朋友，还有些不相识的人。结婚当晚，本家常常要找一些小孩到街上喊叫："卡（闹）媳妇来哟！"这样一喊，街上的闲散人员、过路者以及小贩等都跑来闹。他们或是要求新娘向他们拜一拜；或是让新娘给装几袋水烟；有的甚至要端详新娘的手脚，对其品头论足等等。

安徽寿县地区，男性长者不参与闹洞房，其他如小叔、侄辈、小姑等，则可以随意设法逗弄新娘发笑。但是有一点，决不允许用调戏的口吻或猥亵的语句来闹新娘。如果不小心说出口来，被新郎轰走，在当地不能算是新郎无礼。在闹完洞房之后，小姑子等还常常会扮成新郎的模样，偷偷溜进新房来蒙骗新娘。

上海奉贤一带的农村地区，还盛行闹房闹到婆婆房的风俗。亲朋好友在洞房里闹腾一阵后，新娘从嫁妆被子中选择一床最好最漂亮的被子送到婆婆房中，让公公婆婆在大喜之夜也盖上暖烘烘的新被子。

随新娘前来送被的宾客们，也就一起来到婆婆房中，接着闹房：从床上的新被子夸到新娘的贤惠，再赞老人的福分。老人笑呵呵地回谢众人，请大家入座吃糖果。老房新闹，热闹非凡，展现了尊老风尚这一美俗。

旧时，在不同地区的婚礼上，闹

喜娃娃

洞房的形式各有千秋。现代人结婚，仍然流行闹洞房。只不过闹洞房的目的，不再是带有迷信色彩的趋吉避凶和发家致富。闹洞房的形式，也发生了很大的变化。在当今婚礼上，会让新郎、新娘介绍一下恋爱经过；或用绳子拴一块糖，让新郎新娘同时去咬，目的是让二人当众接吻；或请新郎新娘表演节目；等等。这样的闹洞房形式，一改前非，已无可指责了。

◎ "听房"，一种善意的窥探

闹罢了洞房，前来祝贺新婚的亲朋好友陆续散去。新婚夫妇闭门休息时，还会有人在暗处偷听新人的谈话，这种风俗被称为"听房"，又叫"听床""听窗户""听壁角"等。这一习俗，可以说是闹洞房的一种延续。

新婚之夜，新郎新娘初次男女同床，本就不自然。窃窃私语，难以公之于众；一推一就，不能容人目睹。因为有"听房"习俗，他们心里清楚，窗外有耳有眼，便越发羞怯与紧张。但新婚之夜，人们还是喜行此俗，如果没有人听房，反而觉得"冷清"，甚至不吉利。俗话说："人不听，鬼听。"

对于新娘来说，洞房初夜是羞涩而忐忑的

如果真的没有人来听房，有些地方的人家，就在窗外靠墙放一把扫帚，所谓"扫帚——扫帚尾巴长，没人听房你听房"。

关于"扫帚听房"的来历，在我国江南地区还流行着这样一种说法：

传说姜子牙的老婆马氏，是扫帚星转世，她酷爱听房。如果新婚之夜没有人前来听房，扫帚星就会到窗下听房，给新人带来霉运。于是，在没有人听房的时候，人们便把扫帚竖在窗外，着上衣，戴上人帽。当扫帚星

看到有人在听房之后，她也就不敢前来偷听了。这样会使新人避开不吉利的事情。

听房这种风俗，在我国民间由来已久。东汉历史学家班固在《汉书》中有这样的记载："新婚之夕，于窗外窃听新妇言语及其动止，以为笑乐。"

南朝宋范晔所撰《后汉书·列女传》讲了这样一则听房的故事：

东汉望族袁隗，娶名儒马融之女马伦为妻。马伦年少时，就以才辩出名。新婚之夜，有不少人躲在洞房外听房，听到了小夫妻下面的一番对话。

袁隗问新娘："按照你们文化人的说法，主妇的职责主要是做好家务，维持好家庭就可以了，而你为何打扮得如此妖艳来诱惑男人呢？"

新娘回答说："对亲人亲，对丈夫爱也是一个女人的职责，也是我的责任，不敢有所违背；如果你也想学鲍宣、梁鸿而做一个'正人君子'，那么我也一定会学少君、孟光对你保持一定的距离，大家相敬如宾的。"

袁隗又问道："读书人的规矩，弟弟先于哥哥结婚是不合乎礼制的，而如今你的姐姐还没有出嫁，你先出嫁合乎礼制吗？"

新娘回答说："我的姐姐是一位品德高尚的人，不会随便找一个人就下嫁了，而我就不一样，随便找一个男人就可以当我的丈夫。"

袁隗继续问道："你的父亲学问高深，是文化人的领袖，但他又为什么会落到今天这样的地步呢？"

新娘又回答说："孔子是一位大圣人，他也曾遭到过陷害；子路是一个大贤，同样也遭到小人的污蔑和不满。我父亲一身光明正气，遭到卑鄙小人的迫害，也是情理之中的事。"

袁隗被新娘反驳得哑口无言，而躲在外面听房的人也都有所顿

听房

洞房里的衣架

悟。

通过这个故事可以看出，在汉代，即使名门望族，家世显赫，也允许新婚听房之举。而此俗在民间流行之广，则不言而喻。

在旧时的婚礼中，听房的形式主要有两种，一种是隐蔽在洞房内听，另一种则是在洞房窗外听。在洞房内听房的，往往是那些先前闹房偷偷躲藏在洞房中没有离开的人，他们静候偷听新人的甜言蜜语，及至新婚夫妇情不自已之时，听房者便会哗然而出，对新人做出种种恶作剧。

有的听房者甚至趁新郎新娘不备，躲进婚床底下，偷听一对新人的情话。待到新郎新娘睡熟之际，听房者将一对新人的衣物偷出洞房，第二天再拿这些"战利品"来取笑新郎、新娘。

晚清时期的《点石斋画报》，曾报道过这样一则发生在浙江宁波的趣闻：当地有个叫李阿福的人娶媳妇，闹房的时候，他的表亲王某趁人多混乱之际躲在床下。等到众宾客散去之后，新郎新娘熄灯就寝。新娘正要上床的时候，听到床下有蟋蟀叫声，赶忙拎来净桶往床下泼水。结果，水全都泼在了王某身上。王某像一只落汤鸡似的，狼狈地从床底下钻出来，尴尬而去。这件事，也在一段时间内成为当地的笑谈。

参与听房的人，除了闹房者中那些活泼爱闹的年轻小伙之外，更多的是新娘的小叔、小姑，以及平辈的兄弟姊娌。有些地方对听房的人选也有限制，比如苏州一带，前去听房的人必须是"全福人"。

过去，在我国民间还曾流传：新婚第一夜，"新娘先说话生女孩，新郎先说话生男孩"和"新婚之夜不说话，将来的孩子是哑巴"这样一些说法。

因此，新郎无话找话也要和新娘说上几句。新娘则起身开箱、开柜，拿出上好的点心和新郎共享。这时候，在外面听房的自然难

这位倒霉的听房者,被新人误当成蟋蟀用水浇了出来

以安静,少不得从窗户里讨几块点心,然后才各自散去。

有的新郎新娘由于太过于拘谨,僵持很长时间也不说话,特别是三九寒天,躲在窗外的人因迟迟听不到里面的新人说话,便高声催促新郎新娘说话。在这种情况下,新郎新娘只好说一些类似"今晚的月亮真亮"之类的大实话给窗外的人听。随着一阵哄笑声,窗外听房的人完成了任务,便散开了。

如今,已经很少有人去在意"扫帚听房"这种说法了,再加上闹洞房活动的日益文明,听房的习俗逐渐从现代婚礼程序中消失了。

◎ "守花烛"与"乾坤争强"

花烛,是洞房里最美的装饰之一。洞房里如果没有了那红彤彤的蜡烛、光灿灿的焰苗,喜庆的气氛便会失色很多。因此,我国民间才会有"洞房花烛夜,金榜题名时"的喜庆佳句。

新人婚礼上使用的花烛,通常印有龙、凤等吉祥图案,代表着龙凤呈祥的美好祝愿。因此,这种专门为婚礼所使用的花烛,被称为"龙凤花烛"。

花烛要在新婚之夜,由新郎新娘共同点燃。因为每支花烛只有一根芯,故而它象征着夫妻爱情专一,同甘共苦。

关于燃花烛习俗的起源,现在有两种不同的说法:一种说法认为源于古代黄昏之后娶亲的习俗。在黄昏举行婚礼,点烛自然是必不可少的。还有一种说法认为,这一习俗与周代嫁女之家三日不熄烛,以寄离别之情有关。

绒花龙凤喜烛

花烛点燃之后，不能任其自燃自灭，新郎新娘需要守候在花烛前待其燃尽，此俗谓之"守花烛"。不守花烛者，新人睡后，伴娘须时时进房查看花烛有无损坏，恐有不祥之兆。

旧时，迷信观念认为：左烛尽，新郎先亡；右烛尽，新娘先亡。所以，如果有一支蜡烛熄灭，应立即将另一支蜡烛也熄灭。

过去，在浙江台州一带，还有"花烛照床"之习俗。在新郎新娘入洞房时，迎亲太太点燃红烛，将其插在一个盛满鸡蛋的木升上，然后小心翼翼地放在喜床上，让烛光在新床上照耀一会儿。

山东、北京等地，将"守花烛"称为"守长命灯"，除了点花烛之外，还会点燃一盏油灯，待到第二天黎明时方可熄灭，寓意夫妻白头偕老。有的人家还会在灯油里掺入几滴蜜，俗称"油里调蜜，夫妇可亲密也"。

从守花烛开始，新婚夫妇已经开始了两性生活的初次尝试。俗话所说"春宵一刻值千金"，就是暗喻洞房花烛之夜的喜悦与难得。

然而，这并不能抵消夫妻初会时暗自争强的心理。古人迷信认为：结婚时有种种"秘法"可以降服对方，使对方永远听从自己的指示。在各地的婚俗中，这种秘法还不少。

例如安徽合肥一带，两新人入睡前都争着先说话。当地俗信，谁先讲话，谁在家就讲话算数。另外，新郎要把帽子盖在新娘卸下的头饰之上。到半夜后，新郎睡熟了，新娘又把自己的饰物压在新郎的帽子上。这暗示两个人在今后的家庭中比高低、争地位，彼此不甘示弱。

在河南一些地区的婚俗里，如果夫妇两个人并坐在床上时，新郎坐着了新娘的衣襟之一角，以后便能降服她；反之，新娘坐到新郎衣襟的一角，以后新郎便会被新娘降服。次日清晨起床时，新妇先穿着丈夫的鞋子走几步，以后便能降服丈夫。这一习俗，常常使得许多新郎睡不踏实，以

闪烁着温馨光辉的花烛

便能够早早起床。

在扬州一带，新郎新娘入洞房之后，有"压鞋"之俗。那谁先脱鞋上床呢？老实的新娘当然听从新郎的，先脱。这一脱，便让新郎占了上风。为什么呢？

因为新郎脱下的鞋会放在女鞋上面，这叫男鞋为天，女鞋为地。男的在上，将女的压在下面，永世不得翻身。可有些新娘在家里受了母教，就是不先脱鞋，还抓住新郎求换的迫切心理，逼对方先脱，然后把自己的鞋搁在上面，争个女为大，压一压男方

在旧日婚俗中，新人在守花烛的同时，也在互相争个高下

的势头。

这种"乾坤争强"的习俗，在近现代的婚礼中表现得尤为突出。尤其是在现代，新郎为了表示大度，往往都会选择甘拜下风。这种"秘法"多由新娘一方来实施，或许这就是今天"妻管严"的数量飞速增长的一个原因吧！当然，这只是一句玩笑话。

在古代的婚礼中，受男尊女卑封建观念的约束，女方在争抢时一般都表现得比较含蓄。她们最终往往都会服从丈夫的意愿，入帐之前，主动俯身给丈夫脱下鞋袜，以示对丈夫的尊敬，甘心情愿终身照料丈夫的起居。

在如今的婚礼中，点花烛只是一种短暂的仪式，因为没有人再去相信燃烧的花烛能够预兆婚姻未来的幸福与否，"守花烛"的习俗也就逐渐消

百年好合

失了。而"乾坤争强"的习俗，仍在民间乐此不疲。结果，一般都是新娘强压一头。这一习俗，即便是新郎一方愿意舍弃，新娘一方恐怕也会不情愿吧！

◎新婚之夜验"新红"

结婚对于旧时的女子们来说，既是一个梦想，又是一种恐惧

古代婚俗当中，在洞房花烛之夜，大部分地区都有"验红"的习俗。所谓"验红"，就是检验新娘是否为处女。

旧时，男家要求娶过来的新媳妇必须是处女。此为新婚娶妻之当然条件和先决条件。所谓"处女"，必须处女膜完整。新婚之夜，新娘破身见红，又被称为"元红""新红"或"落红"。

新婚夫妇在洞房里初行房事，新娘处女膜破裂出血，便以素色绢帕来擦拭血迹作为证据，古人称之为"验红"。不少家庭，在新婚第二天就将落了红的绸布像旗帜一样扯起来，向村里的父老乡亲宣布——新娘是一位处女。

有的人家，还要派人到娘家去"报喜"。报喜人一走，新郎马上去洗澡，否则不能见父母。通常只是让报喜人给娘家送去一纸红帖，上书"闺门有训，淑女可嘉"等字样。报喜人进街（巷）即喊："报喜来喽!"喊得街坊四邻都知道了。这在当年，也算得上是一件荣耀之事。

作为女人来说，这不但给自己的娘家"争脸"，而且也给婆家"争荣"。所以，娘家收到装有喜帖的拜匣后，自然皆大欢喜。

如果新婚之夜不落红，那说明新娘的处女膜早就破了，古人认为这新娘已不是处女，而是"二手货"（根据现代医学我们知道，

剧烈的运动也会导致处女膜破损）。这对谁来讲都是一桩尴尬而又难堪的事，轻者使新娘无言以对，受辱终生，在婆家和丈夫面前无地位，重者由媒人遣送女子返回娘家。

旧时，在广东一些地方，如果新娘当夜落红，则合族大喜。三天回门时，就要送烧猪到娘家，富贵人家甚至送烧猪多达数十头。所以，女家在嫁女之日，多惴惴不安，唯恐烧猪不至。如果烧猪不来，家人对坐愁叹，引为大辱。烧猪一到，则举家相庆，大张旗鼓迎接烧猪，并分送给亲友。由此可见，处女问题是个至关重要的大事。

有关男子重视所娶妻子是否为处女的现象，在春秋战国时期就已经出现了。战国时期的著名思想家荀子曾说："妇人莫不愿得为夫，处女莫不愿得以为士。"到西汉中期时，认为新娘应该为处女，已经成为一种普遍的风俗。

在此种社会观念下，中国从汉代起就有了处女检查之事。人们很早就发明了对处女的检验方法，如马王堆三号汉墓出土的帛书《养生方》中就有关于"守宫砂"的记载：

这种方法，就是用丹砂喂养蜥蜴，然后把它捣烂，使之成为一种红色的颜料。然后，把它点在女人的手臂上，终年不褪。如果她与男性有了亲密接触，这红色就会褪掉，所以蜥蜴又名"守宫"。这样，只要看女子的手臂上有无"守宫砂"，就可以判断她是否是处女了。

晋代张华《博物志》中的记载，与《养生方》中的记载几乎完全一样。当然，以现代科学来分析，这种做法是很值得怀疑的。

那么，为什么中国人有如此强烈的处女情结，并形成这样的社会风俗呢？这一切，应该是源于中国农业社会中男子对女子贞洁的要求。此种观念，发端于上古时期。在父系家长制的社会中，家长及其他男性家庭成员，为了保证家庭权力和财富能在自己的后代中传承，要求其妻、妾所生的孩子必须是自己的纯正血统。而为了保证"种"

旧时新娘穿的红肚兜

的纯洁性，就杜绝妻、妾的婚外性关系，要求女性在性生活上"专一"守贞。于是，对女性提出了"从一而终"的贞节要求，并制定了一系列的隔离男女、封闭女性的森严制度。

后来，随着儒学的兴起，特别是宋代理学泛滥之后，妇女被认为要对社会道德负起责任。理学家强迫妇女生活在禁闭的世界里，认为寡妇再嫁是道德上的罪恶，极其珍视妇女的贞洁。此后，中国人对于妇女贞洁的崇拜，也就变成了一种心理上的"痴迷症"。

另外，随着道教的迅速发展与广泛传播，道教所倡导的采阴补阳之术，尤其重视男子在与处女的交合中达到强身健体目的的观点，对时人处女情结的泛滥起到了推波助澜的作用，从而使"验红"这一陋俗，成为古代婚礼中一个合乎情理，且必不可缺的环节。

"抱淑守贞"是旧时对新娘的最大褒奖

到了明、清时期，人们的处女情结更进了一层，不管达官贵人还是平民百姓，无论娶妻还是纳妾，都希望所娶的新娘是处女。有些人家的新娘出于某种原因没有落红，而新郎对新娘比较钟情，或受家境限制不愿为退婚之事再去折腾，男女双方的家长甚至会暗地协商，悄悄杀一只鸡，然后把鸡血涂在手帕上，以避外面的口舌。当然，新娘以后的生活是否幸福，就要看男方家的人缘，以及她本人的造化了。

在这种社会大环境之下，因为新娘不是处女而退婚的现象也时有发生。为了处理此类纠纷，官方甚至有官媒、稳婆之类的，专门负责检查是否有处女膜这项工作。

据说，明、清时期民间最常用的方法是，令被检查的女子坐于装有草木灰的便桶上，设法让她发笑。然后，仔细检查桶中的草木灰，看是否有被气流吹动的迹象。如果有，则表明该女子已经不是处女了。

清代文学家纪晓岚在《阅微草堂笔记》中讲了这样一件事：无锡地区有名焦氏女子，已聘于人。有一富贾看上了她，想要娶她为妾。于是，他雇人到聘她的夫婿家去散布流言，说她不贞，在外面有相好的了。婿家为此提出毁婚，焦氏之父告到了官府。无奈，散布流言的人布了局，不仅有证人，而且还有承认与女子相好的"奸夫"。

充满羞涩与期待的新娘

焦氏见事急，请邻居老妪把她带到婿家，面见了未过门的婆婆。焦氏说："与其见官，在官媒面前出丑，不如就在您面前出丑吧。女子贞与不贞，可以请您亲自来验证。"

于是，她关门脱衣，请婆婆亲验。果然，这女子还是处女，案子不审自明。

千百年来，"验红"这个畸形的习俗，扭曲了众多人的心理。尤为可悲的是，新郎并不以为这是对自己情感的亵渎，新娘也不觉得是对自己人格的侮辱。

今天，我们应该坚决反对封建的贞操观。当然，否定封建的贞操观，并不意味着人们在性方面可以乱来，还是要提倡性行为的严肃性和责任心，对男女双方来说都一样。

第七章：拜亲回门，婚庆余音

◎ "拜宗庙"与"拜舅姑"

洞房花烛，并不意味着婚礼的结束，在传统婚俗当中，接下来还有"拜宗庙""拜舅姑""馈公婆""回门"等程序。

结婚第二天，新郎新娘要早早起来给公婆请安，这是新娘第一次改嘴叫公婆爹娘。这时，公婆要将提前准备好的红包送给儿媳，俗称"改嘴钱"。按照旧俗，新婚三日内，新娘有上宾的待遇。但是一些手脚勤快的新娘，往往在给公婆请安的当天，即做一些端尿壶、扫地等力所能及的家务，以博公婆的欢心。

吃过早饭之后，新娘要在公婆、丈夫的带领下到家族祠堂里行"拜宗庙"之礼，亦称"庙见"，即拜谒列祖列宗。在仪式安排程序上，将祭祖仪式放在拜舅姑仪式之前。这说明，只有身份得到祖先的认可之后，新娘才有资格拜舅姑。可见，拜宗庙是古代婚礼中拜舅姑的前奏，同样也是婚姻礼仪中的重要一项。

庙见之礼，起源于周代。最初的规定是，婚后至迟三个月内，男家须

代表祖先身份的中堂，是新娘需要祭拜的

择日率新娘至夫家宗庙祭告祖先，以表示婚姻已取得夫家祖先的同意。从此，新娘才算加入妇宗，具有参加祭祀和被祭祀的资格。在封建宗法时代，拜宗庙与拜舅姑为成妇之礼。如果新妇未经庙见即死亡，则由男家盛殓，归葬女方祖茔，作为"未成妇"看待。下葬时，其夫不能执杖及送葬。

这一习俗，反映了父权制男性家长的特点。后世认为三个月的时间太长，宋代《朱子家礼》改为三日庙见。到了明朝洪武三年（1370年），诏令"拜宗庙"与"拜舅姑"一并于亲迎之次日举行。

一些没有家庙的人家，则是上祖坟扫墓，称为"上喜坟"。上坟祭祖时，大多用抬盒抬着供品，并有一位帮忙的人带着一领席子，磕头时铺在地上，以免弄脏衣服。上坟时，新娘不能步行，或乘马车，或由平辈或晚辈用车子推着。车子的另一侧，一般由嫂子"陪车"。到了坟上，要按照已经过世的祖宗的辈分自上而下，在每个坟前磕头，并在每个坟头上压一块四方红纸。外人一看，便知道谁家办了喜事。

拜过宗庙之后，新娘的身份正式确立，即可进行下面的"拜舅姑"之礼。舅姑，如同古代文言中的"姑嫜""姑章""姑妐"，都是指公婆。然而，这里的"拜舅姑"之礼只是一个代称，其范围要广泛许多，不单纯指新娘拜见公婆。对于公婆，新娘在早起请安的时候，已经有了初步的了解。因此，拜舅姑之礼，更主要的目的是让新娘认识男方家的其他长辈，以及叔伯兄弟等家庭成员，以便使其尽早地融入男方家。

因此，有些地方也将这一仪式称为"分大小""拜大小""分拜"等。新娘拜舅姑是很庄重的礼仪，新娘必须梳洗干净，穿戴整齐。《礼记·檀弓》中有"妇人不饰，不敢见舅姑"的记载。

此时，男方家人，宗族戚友聚

上喜坟时提的食盒

举案齐眉香包挂饰

在一起，分尊卑长幼，或坐或立。除了公婆之外，新娘对到场的宗族戚友仍有些陌生，不免拘谨。到场的人，丈夫会一一为她作介绍。每介绍一位长辈，新娘都要叩拜问好。介绍到哥嫂姐姐等平辈家人或戚友时，便不再叩拜，而是鞠躬问好。这是给新媳妇定名分的场所，以后对谁怎样称谓也就明确了。

礼毕，新娘当众开箱，将箱中的礼物分赠给公婆、伯婶长辈，以及兄弟、子侄等晚辈。此举谓之"开箱礼"，亦称"见面礼"。

开箱礼，是古代"赏贺"的遗风。宋代孟元老在《东京梦华录》中记载，结婚第二天，新妇"拜尊长亲戚，各有彩缎巧作鞋枕等为献，谓之'赏贺'。尊长则复换一匹回之，谓之'答贺'"。

礼品多是新娘婚前亲手绣制的，如荷包、眼镜套、绣花汗巾、绣花枕套、绣花鞋面之类的小件手工活。新娘向夫家的成员分赠这些礼品，还有一个非常重要的目的，那就是请夫家长辈验看针线活计的好赖。

在旧时，针线活可是女人的基本技能，一个女人针线活的好赖，甚至直接决定了她在未来家庭的地位，这绝不是危言耸听。过去的女人操持家务是其基本职责，而做针线活又是家务活的最重要的组成部分，因为一家老小的各式衣物，从头到脚都寄托在她的手里。

这样的话，一个女子若针线活做得又快又好，家里的老老少

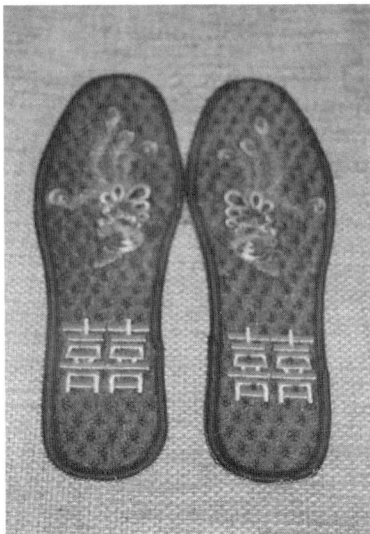
绣花鞋垫

旧时,针线活是衡量新娘是否贤惠的一个重要标准

少都可以穿着体面的衣服示人。这样的媳妇,自然会受到公婆的赏识。反之,家里的人在外面很难抬起头来,甚至招致外人的讥笑。这样的女子,当然很难得到公婆的认可,其在婆家的地位不用说是很难稳定的。

新娘所分赠的礼品,对于婆家成员来说,每人有份,多少不拘,礼物也不拘种类。除了上述"活计"之外,还有绸缎、衣料、化妆品、点心、笔墨纸砚、书籍字帖等等。

在山东沂蒙地区,新娘给长辈磕头之后,然后分赠给拜见的人每人一双鞋,所以此仪式又称"拜鞋"。受礼的长辈们一般都要给新娘磕头喜钱。然后,听公婆等长辈训教,一般讲些欢迎媳妇来到这个新家庭,以及以后如何好好过日子之类的话。

随着时代的发展,婚礼的仪式也更加文明和简洁了。拜舅姑的习俗,逐渐与拜天地融为一体。而"上喜坟"的习俗,在我国的一些农村地区,至今仍沿袭着。

◎彰显妇德 "馈公婆"

在新婚的最初三天里,新娘子可以在夫家享受上宾的待遇,不需要动手做家务。可是,三天之后,新娘子就要按习俗,第一次下厨房亲手做菜,请夫家人品尝。这一习俗,称为"馈公婆"。

关于馈公婆的礼仪,早在《仪礼·士昏礼》中就有记载:"授妇以室之事也。"唐代诗人王建在《新妇》诗中写道:"三日入厨下,洗手作羹汤;未谙姑食性,先遣小姑尝。"这首诗所描述的,就是新娘婚后第一次进丈夫家厨房烧饭的情景。这时,她还不知道夫家人的口味,所以要先邀请小姑子提意见。由此可见,新人于婚后第三天下厨烧饭的风俗,至迟在唐代就已经出现了。

馈公婆习俗，表达的是男方家人希望新娘成为一个"孝行可风"的人

此后，历代沿袭。在近现代的婚姻礼仪中，仍然存在。馈公婆的习俗，不仅在那些普通百姓的婚礼中广为盛行，就是在那些拥有厨佣的富贵之家，新娘也要亲手将烧好的菜从厨房端到餐桌上，象征性地完成这道仪式。这一仪式，不仅能体现新媳妇的孝敬勤劳，也包含新妇从此入主夫家成为主妇之义。

中国地域辽阔，民族众多，人们的生活习惯有着很大的差异。这些差异自然而然地对风俗习惯产生了影响。

因此，馈公婆这个习俗，在不同地区所表现出来的形式并不完全一致。旧时，广东佛山地区的新娘在结婚三天后下厨，首先要在菜板上切些葱、姜之类，而后烧一条完整的鲤鱼，讨个"富足有余（鱼）"和"有头有尾"的口彩。

同时，迎亲太太要为这家人煎"薄撑"（北方称锅贴）。她一边做一边赞道："第一撑（锅），置田买地让人耕；第二撑，大仔学行细仔学兰（爬）；第三撑，牛满地来猪满栏。"

在福建同安地区，婚后第二天早上，新娘要先到井边打一桶水，用甘甜的井水调煮出美味的甜茶款待亲友。除此以外，她还要搅一搅锅里煮的豆面，并且要摸摸筷子，表示自己已下厨承担家务了。湖北一些地区，新娘三日下厨，俗称"试厨"或者"参厨礼"，当地的习俗也是象征性地做几个煮饭的动作。西宁地区，新娘是在婚后第三日或第四日下厨，做一顿长面饭，并亲

旧时的馈公婆，新娘多象征性地下厨，许多地区同时还有祭祀灶王爷的习俗

恶婆婆虐待儿媳

手端给公婆、长辈、新郎等人，谓之"下厨房"。当然，多数人家则是由妯娌代庖，擀好面，新妇只用菜刀切好即可。

苏北农村地区，在"三朝"下厨时，新娘总要先抓几把糖撒在水缸里。关于这个习俗的由来，在苏北农村地区曾流传这样一个故事：

从前，有户人家娶了媳妇。在"三朝"这天，婆婆对媳妇说："要得福，煎豆腐。你上锅台显显手艺吧。"新媳妇心神不安地下了厨房。谁知这恶婆婆心狠手辣，她事先偷偷在水缸里放了很多盐，想故意让媳妇出洋相。

结果可想而知，新媳妇做的饭菜都特别咸，因此惹得夫家人大为不满。尤其是那个恶婆婆，对新媳妇一顿臭骂之后，还把一碗热汤泼在了她的身上，烫起了不少水泡。

新媳妇既委屈又绝望，一直哭到半夜也无人过问，最后含恨悬梁自尽了。据说，新媳妇死后，托梦给即将出嫁的姑娘，叮嘱她们在婚后给婆家烧饭的时候，一定要朝缸里多抓几把糖，冲冲邪气。当然，这个习俗还有另外一种寓意，那就是希望今后一家人的生活如蜜糖一样甜美。

西北地区汉族的新娘，在"三朝"面临的考验更多了。新娘要早起，厨房门上还会事先放上笤帚、扁担之类的东西，新娘做饭之前要把这些东西收拾好。进入厨房之后，新媳妇要先行"拜灶"礼。新娘先用火棍捅几下灶火，在灶火里面放一把柴火，并且磕头祭拜。之后，新娘还要"试面刀"，即拿起刀切几下案板上事先擀好的面。最后，她还要把倒下的油瓶扶正。之所以有这么多的讲究，目的就是为了检验一下新媳妇是否真正勤劳能干、干净利索、思维敏捷。

旧时，山东鲁南一带，新娘"三朝"下厨，由妯娌们陪同。新娘先向灶王爷鞠个躬，然后再象征性地掀一掀锅盖，动一动瓢盆、盘碗之类的东西，这就算开始做饭了。然后，再到外面四下看一看

挂在高处的箸笼，令新娘有些手足无措

婆家的宅舍，并抓一把谷物撒到鸡舍里。这时候，有人会在一边说："头年喂鸡崽，明年喂儿崽。"到这里，仪式也就结束了。

有的地方，让新娘"三朝"下厨，只是为了逗趣新娘，图个吉兆。如福建泉州一带，新娘下厨，前来观看的亲友们，尤其是新娘的小叔和小姑等人，会偷偷将箸笼挂在高处。新娘摸不到箸笼，只得求新郎搬个凳子来垫脚。这时，围观的人就会让新郎搀扶着新娘踩上凳子，使新娘羞得抬不起头来。这样，在人们的哄堂大笑中，新娘被逼着进行一个又一个的节目。

这些下厨习俗显得诙谐风趣，且充满了喜庆色彩。

当然，无论出于何种目的，这顿饭小两口需要陪父母一起吃，新妇要主动给公婆盛饭拿筷子。这时，公婆会进一步观察媳妇。有了这顿饭，新媳妇就算正式融入这个家庭了。再吃饭，她就要和妯娌、同辈们一起吃了。

俗话说："多年的媳妇熬成婆。"婆婆对儿媳而言就是尊长，新媳妇的到来也就意味着婆婆的负担减轻了。所以，媳妇必须手眼勤快、吃苦耐劳、尊敬长辈，这样才能获得婆婆的肯定。下厨房，就是对新媳妇婚后的"第一试"。如果第一次考验时就给夫家人留下不好的印象，很可能会影响新媳妇将来在婆家的生活。

在古代婚礼中，很多地区还有"暖女"的习俗。所谓"暖女"，就是在女儿出嫁三天内，娘家人还要

暖女，是古代婚礼普遍存在的一种习俗

派人抬食盒给女儿送去熟食品。因为女儿出嫁是她人生一个重大的转折点，刚刚嫁到夫家一切都不熟悉，人际关系还很陌生，难免有些寂寞与冷落感，所以，娘家要给她送去食品，给以安慰，以示温暖。这是唐、宋以后才形成的风俗，唐代之前未见诸记载。

宋代孟元老《东京梦华录》记载此风俗说："三日，女家送彩缎，油煎蒸饼，谓之油和蜜蒸饼。其女家来作会，谓之暖女。"

在旧时的婚姻习俗中，"馈公婆"和"暖女"曾是两个流传极广的习俗。然而，在现代的婚礼中，这两个习俗已经消失不见了。抑或，它们已经融合到其他礼仪中去了吧。

◎ "三朝回门"的习俗

三朝回门

婚礼从纳采开始，到迎娶为止。但是，婚事却要等到新妇"回门"才算圆满结束。所谓回门，就是婚后新媳妇第一次回娘家。新妇回门，往往和丈夫同行，所以在不同的地区又有"拜门""归宁""会亲""唤姑爷"等不同名称。

回门的时间各地不一，有婚后第二天的，也有在婚后第四、五、七天的。不过，以第三天回门比较普遍，所以又称"三朝回门"。

新妇为什么要"回门"？新郎为什么要同往呢？

这一习俗有着双重含义：从新娘一方来说，过去姑娘深居闺阁，从未离开过父母，一出嫁必然会十分想念父母。因此，回门看望父母也是人之常情，同时也表达了"成家不忘父母"的含义。另外，回门礼对于出嫁女子来说也有着现实意义。女子出嫁是进入一个新的家庭环境生活的开始，自然存在众多的不适应。通过回门这一仪式，新娘子有了一个逐渐适应的过程。从新郎这一方说，新婿去女方家拜见岳父母，则有向他们表示感恩戴德之意，借以加深姻亲之

谊。同时，这也是新郎拜见女家亲属的一个机会。

回门之礼，起源于周代。在中国古代第一部诗歌总集《诗经》中，有"害瀚害否，归宁父母"的诗句。诗中的"归宁"一词，即为出嫁的女子初次回娘家向父母问候之意。

回门之礼，虽然不在古代"六礼"之列，但在实际的婚姻礼俗中，却有着深刻的影响。只有等待新妇回门，婚礼才算正式结束。这是自古至今，全国各地具有共识的婚俗。

关于回门的形式，并无统一规定，均由各家根据自己的实际情况酌情处理，或按当地风俗习惯进行。先秦时期，礼俗还对回门用的交通工具做过规定：天子、诸侯、大夫等人的女儿出嫁不坐男方家的马车，而是坐自家的马车。女方家可以通过这种礼俗向男方表示：如果夫家不满意，她坐自家的马车回家，以此来表示自谦；如果满意，归宁时即将马车送还，以表示新婚夫妇感情和谐，故称为"返马"。自宋代起，回门时，通常都是夫妇乘车轿同行。富贵人家，新郎骑马率领仆众，前呼后拥，相当气派。

清末民初时，一般平民回门，仅雇一辆挂彩的四轮马车而已。路人隔窗，即可以看到里面浓施粉黛，头戴大红"绒冠"的新娘。在一些偏僻山乡地区，新娘骑毛驴或坐独轮车，新郎以扁担挑着礼品步行的情景，也十分常见。

回门一般在上午九十点动身。除了准备好礼品之外，新郎新娘应像参加婚礼时那样认真修饰、打扮，保持婚礼上那漂亮、俊美的形象。

到了女方家，新婚夫妇首先要拜家堂里的神、佛，以及宗亲三代牌位，然后给父、母（岳父、岳母）等亲族长辈行三叩首礼。新郎再与内兄、内弟等依次见礼，或揖或安。晚辈们则给新婚夫妇叩首见礼。受礼者必掏出事先封好的"红封"（内包现金）送给新人，新人

花盒子，是昔日胶东民间新娘三朝回门时，娘家人为其盛放"回门礼"的器具

亦将事先封好的"红封"赠给晚辈们。全部礼仪，就像在男家"庙见"和"拜舅姑"时一样，反正新郎新娘是磕不完的头，施不完的礼。

最后，摆上酒席，通常是男女分桌对摆。一桌是新郎首座，由男眷奉陪；另一桌是新娘坐上席，由女眷奉陪。

这种场面，自然要在菜肴上丰盛一些，令人有充实感，预示着新婚夫妇婚后丰衣足食，生活美满。女儿受此"归宁"，必然要将初婚所见向父母长辈们禀报一番，对这桩婚事是否满意，自然也会流露出来。如果公婆待人宽厚，没什么脾气，家道尚算殷实，夫婿也通情达理，能体贴人，全家自然皆大欢喜。假如女儿诉说公婆脾气大，夫婿有隐疾、恶疾，或染有赌博、酗酒等恶癖，与媒人所说大相径庭，母女不免相对落泪。邻居闻听后，甚至也为之叹气。但生米煮成熟饭，好坏都无法改变，至此，只能企求上天保佑女儿未来的生活幸福了。

娘家的嫂子们，通常会将新娘叫到一边，悄悄地说些女人间的"私房话"，比如询问夫妻生活是否美满和谐之类，也传授一些夫妻生活的方法及妇女卫生注意事项等。

男方在迎娶新娘入洞房之后，有"戏新娘"的习俗。而在我国民间许多地方，新婚夫妇回门时，有"逗新郎"的习俗。对于新郎来说，这可不是一件轻松的事儿。且不说在女方亲友面前，新女婿要备受"品头论足"，单单是新娘的妹妹们，他就招架不住。这些放肆的女孩，把锅灶灰往姐夫脸上抹，让姐夫吃包有辣椒、花椒的饺子，无所不用其极。新女婿在被戏闹的过程，不能发怒，即使手足无措，尴尬至极，也得满脸堆笑，听凭发落。

斗酒，又是其中一项重要的内容。倘无过人的酒量，一般新女婿均以不喝酒为托辞推掉，以免醉酒出丑。这种捉弄新郎的习俗，现在全国许多地

在三朝回门时，许多地区都有戏谑新郎的习俗

中国传统记忆丛书

圖説
老婚俗

区仍保留着。

按照民间俗规，在蜜月期间，洞房是不能空房的。有些地方甚至还规定，新婚夫妇必须在日落之前返回，若返不回来，有公婆瞎眼睛的荒谬说法。若由于特殊原因而必须留宿时，新婚夫妇也不能同房。据说新婚夫妇在娘家同房，会使娘家家道衰落。

回门，是婚姻缔结过程中的最后一个重要程序。回门结束后，婚姻礼仪才宣告圆满完成。一般新婚一个月之后，姻亲便可以自由来往了，新娘才真正意义上开始与娘家走亲戚。通常第一次是娘家人来接，称"接新媳妇""接闺女""搬闺女"等。这次归宁与回门不同，在娘家住的时间长一些，或四日，或六日，个别路远交通不便的，可延至八日。

新妇这次回娘家，必要接受七大姑八大姨的邀请，前去做客，应接不暇。再者，新妇在娘家留宿，按习俗姑爷不能与其同房。所以，新郎不便再去岳丈家。等到新妇住满日子的头天，岳丈家必请新婿吃酒，以表敬意。次日晚饭后，娘家人即将新妇送回。转过天来，娘家人还要买些

搬闺女

糕点、肉类食品再去看望女儿，少不得亲家重新聚会一番，共同祝愿小两口新生活的开始。至此，男女两家才恢复了往日的平静，办喜事的余音也逐渐在生活中消失了……

第八章：情绝义断，愁思绵绵

◎古代离婚的"七出"与"三不出"

离婚，是一个非常冰冷的名词，尤其是在我们前面谈及众多的吉祥喜庆的婚俗之后，陡然提到"离婚"，不免令人有些心寒。然而，从社会上产生婚姻的那一刻起，离婚这种现象也就随之出现了。

在现代社会中，离婚的现象很常见。夫妻双方由于感情不和等原因，只要双方同意，在协商好财产分割、孩子抚养等问题之后，便可以到民政单位去办理离婚手续。以后，男再婚，女再嫁，彼此互不干涉。但在古代，女人离婚的结局往往十分凄惨。

封建社会的婚姻，是由"父母之命、媒妁之言"包办的。尽管婚礼仪式非常隆重，但是实际上，婚姻当事人并没有选择的自由。所以，双方能遇到称心如意的伴侣的可能性是很小的。作为女方来说，只能"嫁鸡随鸡，嫁狗随狗"，一切听从命运的安排，没有重新选择的自由。

再加上，古代妇女深受"三从四德""男尊女卑"等封建礼教的影响与教化，她们的社会地位愈加低下。

在这里，有必要简单了解一下"三从四德"所包含的意义。它对古

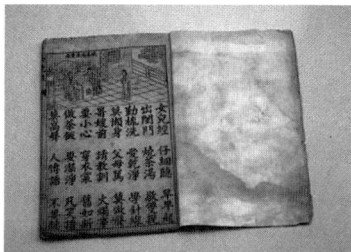

旧时女子的闺范读本《女儿经》

代婚姻，乃至近现代的婚姻都有着深刻的影响。这里所说的"三从"，是指：未嫁从父，既嫁从夫，夫死从子。

这里的"从"字，有多重含义，如听从、随从、服从、跟从等。被要求"三从四德"的妇女，必须遵父命、夫旨、子意行事，从而做到为女孝，为妻贤，为母良。

"未嫁从父"，就是要求没有出嫁的"在室女"必须听从父亲的安排，不违父命。"既嫁从夫"，就是要求嫁为人妻的妇女，必须听从、敬重丈夫，能够做到夫唱妇

相夫教子，是古代传统妇女的为妇之道

随。妇女还需代丈夫侍奉公婆，并为丈夫生儿育女。自宋代以来，"相夫教子"便成为妇女最重要的职责。"从夫"，还要对丈夫忠贞不贰，保持贞操。丈夫死后，不事二夫。"夫死从子"，既丈夫死后，寡妇需要抚养子女长大成人，这是从夫的一种延续。

所谓的"四德"，则是指：德、言、容、工。这就是说，做女子的第一要义是品德，能正身立本；然后是"言"，要语言得体，言辞恰当；其次是"容"，即相貌，指出入要端庄稳重持礼，不要轻浮随便；最后是"工"，即治家之道，这一点包括相夫教子、任劳任怨、勤俭节约等生活方面的内容。

由于受"三从四德"等封建规条的桎梏，妇女们生活得很空洞，变得封闭而单一。丈夫对妻子拥有人身所有权，喜欢时便敬之如宾，

精于女工，也是古代贤妻良母的一种体现

讨厌时则弃之如敝履。

因此，从某种程度上来说，离婚是古代男性的特权，女性很少有离婚的自由。特别是宋代以后，"从一而终"的贞节观念，

中国传统记忆丛书

图说
老婚俗

被强化到无以复加的地步，女子主动提出离婚更是没有可能。

所以，中国古代法律上不用"离婚"这个词语，而是用"绝婚""离弃""休妻""出妻"等用语。

早在《汉律》中就对离婚条件做出了规定，提出了"七出"。中国古代的礼制不仅是一般的道德约束，也是立法和司法的根基。中国古代的立法，也延续了"法本于礼""法出于礼"的思想。在唐代时，"七出三不出"就被正式写入法律之中。后来的宋、元、明、清也都大体延续了这种习俗。

关于"七出"之条，汉代礼学家戴德撰写的《大戴礼记·本命篇》有如下记载："妇有七去，不顺父母，去；无子，去；淫，去；妒，去；有恶疾，去；多言，去；盗窃，去。"

不顺父母，即妻子不孝顺丈夫的父母。《大戴礼记》中所说的理由是"逆德"。在传统中国，女性出嫁之后，丈夫父母的重要性要胜过女性自身父母。因此，违背孝顺的道德被认为是很严重的事，丈夫可以休妻。

无子，即婚后不育。儒家礼教观念认为："不孝有三，无后为大。"而缔结婚姻的目的就是生子以"下继后世"。古代人不具备现代的科学知识，往往把不生子的责任完全归咎于妻子。

封建礼教观念，认为"万恶淫为首"。因为淫乱无法保证男方家族血统的纯正，所以淫乱的妻子自然符合"七出"之条。当然，古代所说的"淫"，并不仅仅指妻子与丈夫之外的男性发生性关系。

妒，是指妻子好妒忌。理由是"乱家"，亦认为妻子的凶悍妒忌会造成家庭不和，以及"夫为妻纲"理想夫妻关系的混乱。更认为妻子对丈夫纳妾的妒忌有害于家族的延续。

有恶疾，是指妻子患有严重的疾病。理由是"不可共粢盛"，意思是

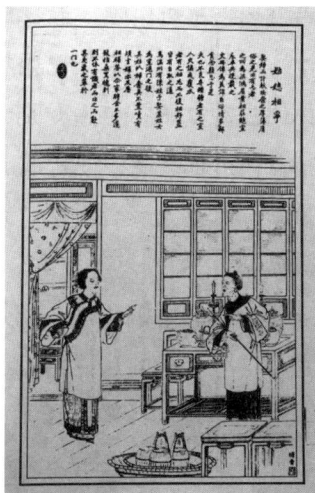

婆媳相争，家庭不睦

"不孝有三，无后为大"，这是旧时根深蒂固的一种观念。为此，这位少妇在虔诚祈子

说不能与家人一起参与祭祀。在传统中国，参与祖先祭祀是每个家族成员重要的职责。若妻子因患恶疾而给夫家造成不便，丈夫可以休妻。把患恶疾列入"七出"之条，是封建社会伦理中最自私、最不人道的离婚出妻理由。

多言，是指妻子太多话或说别人闲话。理由是"离亲"。在传统中国家庭中，作为女性，尤其是辈分较低的女性，被认为不应当多发表意见。而妻子作为一个从家族之外进来的成员，多话就被认为有影响家族和睦的可能。

盗窃，即偷东西。偷别人的东西，会辱没丈夫的门庭。出妻的理由是"反义"。

"七出"之条，总体来说都是男子的离婚特权，是极其自私和冷酷的。夫妻间的和睦，是建立在妻子对丈夫的惟命是从之上的。一个合格的妻子必须对丈夫"居家相待，敬重如宾"，时常保持"夫若发怒，不可生嗔，退身相让，忍气吞声"的为妇之道。

一般来说，古代已婚妇女被夫家休回之后是不能再嫁人的。被休回去的女子，会遭受别人的唾弃与嘲笑，寡居在家，一辈子受人指点，抑郁终老；或者远走他乡找一个没有人认识自己的地方嫁人，重新开始；又或者直接自杀。所以，女子宁愿忍受一切，也不愿意被休。

古代的婚姻法规，都是以压迫妇女为前提的，也有很多开明学者对这些严苛的法律给予了抨击。明代宋濂在《郁离子》中就表达了这样的观点：恶疾和无子难道是人为的吗？并不是妇女自己希望如此，这是不得已的不幸事情，不能以这些女性的不幸作为抛弃她们的理由。

麒麟送子

当然，封建礼教和法律中对"七出"之条还有个"三不去"的限制规定：一是"有所娶，无所归，不去"。妻子嫁过来后，娘家遭遇不幸，父母俱亡，兄弟无存，出之无家可归者不去。二是"与更三年丧，不去"。公婆死了，妻子与丈夫为之守孝三年，丧服在身，休妻则丧礼不全，有辱宗庙，故不能去妻。三是"前贫贱，后富贵，不去"。因为娶妻时家境贫寒，夫妻曾同甘共苦患难，而后来丈夫富贵了休妻，这样做不道德。为了不违背道德，故不能出妻。

"三不出"的规定，虽然说是一种法律层面的调适，是对女性地位提高的认可，进一步保障了妇女的权利，但实际上，两千多年来，男子们日后因富贵、妻子衰老等原因而强行离婚的现象一直存在。

在中国古代，有很多善良的妻子，因为各种无端的借口遭休弃，酿成了很多婚姻的悲剧。

西汉王吉，琅琊人，官至博士谏大夫，年轻时被举孝廉，出任郎官。按理说，他应该很会处理家内人际关系的，否则难于被地方政府看中而被举荐。但是否如此呢？且看他对妻子的态度。王吉为了求学来到长安居住，东家邻居有棵大枣树，树杈伸到王吉的庭院中。枣子熟了时，他的妻子因看到王吉读书很辛苦，便顺手摘了一把给丈夫吃。王吉非但不感念妻子，反而很生气，愤怒之下以"盗窃弃，反义也"的理由把妻子休了。

他的邻居知道此事后，对王吉的迂腐感到很生气，就要把自

糟糠之妻不下堂，这是我国民间对婚姻的一种淳朴的诠释

孟子年轻的时候，也曾动过休妻的念头

家院内的枣树伐掉。邻居们苦苦劝阻王吉把妻子招回来，这桩悲剧才未酿成。事后，村里人编了歌谣讽刺王吉的行为："东家有树，王吉妇去；东家枣完，去妇复还。"

战国时期的思想家孟子，也曾动过休妻的念头。他休妻的原因，仅仅是觉得妻子坐姿不雅，担心妻子的"不良"行为败坏了自己的名声。

然而，孟母是一位十分明白事理的人，对于儿子的想法，孟母觉得非常荒唐，遂引用古礼"将上堂，声必扬；将入户，视必下"来提醒儿子：你去你老婆的房间，不提前招呼一下，进去时也没有一点声响，是你无礼，而非你老婆无礼。孟子听罢，很是自责，此后再也不敢提与妻子离婚的事了。

通过以上两个事例可以看出，在封建社会，由于丈夫享有种种特权，在社会上又有比较宽阔的活动领域，离婚的主动权完全掌握在丈夫手里。而妻子在家里只能低眉顺夫，被迫听命。所以，"三不去"之条文形同虚设，根本没有多大约束力。"七出三不出"，直到民国时期才逐渐有所改变，但妇女受传统礼教的桎梏，仍处于被动的地位。

◎ 自古"休书"最无情

现代，如果夫妻感情破裂需要离婚，必须经过民政部门的婚姻管理机构签章批准，夫妻关系方能解除。那么，古代是如何办理离婚手续的呢？

很简单，丈夫不需要履约任何法律手续，只要写一纸"休书"，责令妻子离开夫家，他们的夫妻关系就算是解除了。

休书除了写明休妻原因之外，还须印盖手模，手掌和5个指头同

中国传统记忆丛书

圖说 老婚俗

时印盖，缺一不可。同时，一般还要有证人画押。在敦煌出土的唐代文书中，即有不少离婚证书样文，称为"放妻书"。其格式基本如下：

某李甲谨立放妻书一道：

盖说父亲之缘，伉俪情深，恩深义重。论谈共被之因，幽怀合卺之欢。

凡为夫妻之因，前世三生结缘，始配今生夫妇。夫妻相对，恰似鸳鸯，双飞并膝，花颜共坐；两德之美，恩爱极重，二体一心。

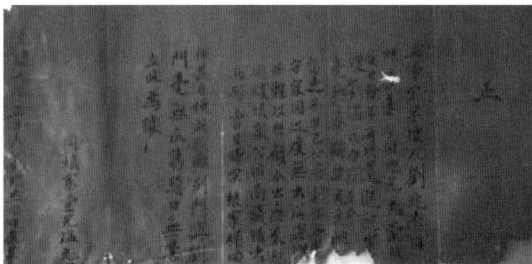

一纸休书，犹如一把锋利的匕首，直刺被休妇女的心脏

三载结缘，则夫妇相和；三年有怨，则来仇隙。

若结缘不合，想是前世冤家。反目生怨，故来相对。妻则一言数口，夫则反目生嫌。似猫鼠相憎，如狼羊一处。

既以二心不同，难归一意，快会及诸亲，以求一别，物色书之，各还本道。

愿妻娘子相离之后，重梳蝉鬓，美扫蛾眉，巧逞窈窕之姿，选聘高官为主，弄影庭前，美效琴瑟合韵之态。

解怨释结，更莫相憎；一别两宽，各生欢喜。

三年衣粮，便献柔仪。伏愿娘子千秋万岁。

于时某年某月某日某乡谨立此书

现在，恐怕很多人在阅读这一纸休书的时候，会误以为它是一首情真意切的爱情诗。大唐的生活浪漫，就连离婚都赠送这般美好的祝愿。岂不知，对那些手捏休书，目不识丁的妇女们来说，每一个字都像一把锋利的匕首，刺入她们的心窝，令她们感到无限悲愤和绝望。

再看清朝光绪年间遗留的一张休书，其大意如下：

妇人江氏于何年何月何日逃难来到本地，经人说合嫁到文家。圆房后只生得一女，去年因父亲病重执意要回家省亲，省亲归来性情大变，整日走东窜西而惹得闲言蜚语。近日还将家中物什盗出，不知送去何处，特此休书一封，从此逐出文门，任其自便，立字存照。

从这封休书的字里行间不难看出，文家休妇的主要原因，还是

江氏无子，只生得一女，。于是，便以"走东窜西而惹闲言蜚语"的罪名，把文江氏休了。

休书交付之后，即生效。妻归娘家，称为归宗。而子女则属夫家，若子女幼小，可以随母抚育，但仍是父家的。不过，子女将来要为母亲服丧。

在古代社会，一个被休女子的命运有几多凄苦，今人恐怕没有几个人能体会得到。古代被休的女人，基本上不享有任何的财产分割权，甚至连夫家一根草也不能拿走。当然，也不是说一点儿财产不

被休妇女，只能绝望地离开前夫家

能分割，但较为有限。比如当年嫁到夫家时陪嫁的嫁妆、衣服什么的，就可以名正言顺地拿走。允许带走嫁妆的"条例"，在历代婚姻法规中几乎都是不变的。然而这如此，对于被休的女人，与净身出户没有什么两样。

一纸休书背后所承载的悲痛与辛酸，曾令岁月的天空布满沉沉的铅云，乃至大雨滂沱，沉积下了数不清的哀怨与悲愁。

不过，虽然从汉代起，男人拥有了更多休妻的特权，但相对于现代，古人的离婚率还是很低的。尤其是在农村地区，休妻的情形更是极为少见。因为古代婚姻的缔结，都是由父母包办的，

婚姻的解体也必须听命于父母。而且传统的婚姻无爱情可言，一般不会因感情不和而解体。只要能够传宗接代，妻子能孝顺父母，不淫、妒、盗窃，婚姻一般都能维持下去。

再一个，就是在中国传统文化观念中，结婚是"合二姓之好"。也就是说，婚姻是被古人视为两个家族之间的"外交"关系来对待的。夫妻二人，不过是这一关系的纽结而已。在这样的文化背景下，解除婚姻非同小可：简直可以称为"绝二姓之好"。而古代人又十分重视社会关系的稳定，所以不提倡离婚。如东汉的冯衍，因年老出妻，便遭到时人的严厉批评。宋代以后，士大夫多认为出妻是没有品行的行为。

另外，从男方角度来讲，离婚导致家庭劳动力减少，再娶的负担也很重。此外，在"夫妻义重"的名分观念影响下，也不敢轻言离婚。从女方角度来讲，在夫权社会中，受传统观念的制约，"嫁鸡随鸡，嫁狗随狗"，自己属于男方的财产，即便男人对自己再不好，离开他再嫁也是十分困难的。因此，她们宁愿在丈夫及其家人面前逆来顺受，做牛做马，也不愿接受被"休"的命运。

一纸薄薄的休书，是古代妇女久遭歧视命运的铁证。尽管今天，由休书滋生的阴霾，早已被现代文明一扫而光，但每每回首那些沧桑的岁月，仍会有一种莫名的彻骨的寒意袭来……

旧时，女孩缠足使用的缠足架

◎ "和离"与"义绝"

在古代，"七出"是离婚的主要方式。除此之外，还有"和离"与"义绝"两个途径。所谓"和离"，从字面上来看，就是夫妻双方协议离婚的意思。

汉代时，司法实践中出现了一种"有义则合，无义则离"的观念。这种思想，就是"和离"的萌芽。

如果女性主动提出离婚，叫"请去"或"求去"。这意思很简单：我与你过不下去了，请求你放过我，让我走吧！

据东汉史学家班固编撰的《汉书·朱买臣传》记载：朱买臣家境贫寒，喜欢读书，却不擅长营生。他经常一边挑柴火卖，一边读书。朱太太与他相随，感觉很丢人，就劝他别这样，因为别人都在讥笑他。

可是，朱买臣反倒跟太太较上了劲，读书的声音更高了。朱太太觉得很没有面子，回家后死活不愿意跟他过了。朱买臣没有办法，只好由她去了。这一离婚个案，便是"和离"的一个代表。

可见，当时不管原因如何，只要双方同意，就可以离婚。后世对此也从法律上予以承认。唐律规定："若夫妻不相安谐而和离者，不坐。"宋、元、明、清的法律也有同样的规定。

唐代以前女子的地位，相对来说比宋、元、明、清时期要高。女子如果被休，会被别人耻笑，但婚嫁自由，并无后来的刻薄、无人性。唐、宋以后，女子地位受限，宋、明时期理学的兴起，对女子的刻薄法规又增添许多。女子以夫为天，毫无自我。

所谓"和离"，大多是一种协议休妻方式，往往成为男方掩盖"出

朱买臣与妻子的离婚案，是"和离"的一个代表

妻"原因，以避免"家丑外扬"而采取的一种变通形式。其主动权还是在男方手中，而女方一般不能主动提请"和离"，只能做出同意或不同意的选择。

在"和离"过程中，夫妻双方地位并不完全平等，因为妻子无权以丈夫有过错而平等"休夫"，所以在"和离"时无法与丈夫权利平等。女子要求离婚，会被人们指斥为污辱乡间，伤风败俗。

由此可见，古代所谓的"和离"，在很多时候只不过是一纸空文罢了。而现代协议离婚，则是双方自愿，任何一方不同意都不能协议离婚。

古代还有一种强制离婚的方式，就是"义绝"。义绝制度不是独立的离婚制度，而是一种刑事案件附带的民事法律后果。

据《唐律疏议》记载，"义绝"的内容：一是丈夫殴打妻子的祖父母、父母和杀害妻子的外祖父母、伯叔父母、兄弟、姑母、姊妹；二是夫妻双方的祖父母、父母、外祖父母、伯叔父母、兄弟、姑母、姊妹互相残杀；三是妻子打骂丈夫的祖父母、父母和杀伤丈夫的外祖母、伯叔父母、兄弟、姑母、姊妹；四是妻子同丈夫五服之内的亲戚或丈夫同岳母有奸情；五是妻子图谋害死丈夫。夫妻原为义合，犯了上述罪行，恩义断绝，双方应该离异，所以称为"义绝"。经官府判断，认为一方犯了"义绝"的，法律即强制离婚，并处罚不肯离异者。唐律规定："诸犯义绝者离之，违者，徒一年。"宋律也全部依照唐律。

明、清时期的"义绝"制度，与前代相比，发生了一些改变。明、清时期的"义绝"，不像唐、宋时期的"义绝"那样注重夫或妻对对方家族成员，特别是对尊亲属的侵害，而更加注重夫妻之间的关系。

如果丈夫出远门，妻子的父母将其改嫁；或是岳父母将女婿赶走，另行招婿；或是岳父母允许女

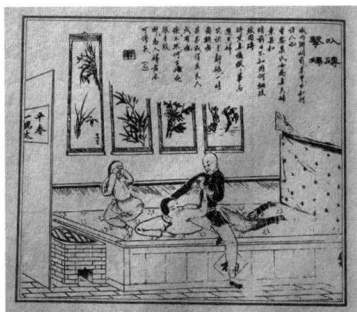

按古代律例，丈夫殴打妻子虽属于"义绝"之列，但旧时的妇女最终多选择忍气吞声

卖妻恶俗，也属于"义绝"之列

儿通奸的行为，都构成"义绝"。这一类"义绝"的责任，归咎于妻子一方。

另一类"义绝"的责任归咎于丈夫一方，即丈夫殴打妻子、明明有妻子而谎称未婚以欺诈行为另行娶妻、将妻子当作妾对待、为钱财而卖妻或把妻子当作自己的姐妹嫁人等行为，必须离婚。如果应离而不离，则要打80大棍。

清代时，桂阳有个名叫陈阿九的人，因生计所迫，经人说合，把老婆阿蒙嫁给赵五栓为妻。阿蒙为赵家生了一儿一女，陈阿九得了钱财。

后来，官府认为，陈阿九虽然写了休书，但是既然得到钱财，就是"卖休"，是违法行为。因此，官府判决阿蒙与赵五栓离婚，阿蒙回到娘家，陈阿九所得钱财全数没收。

从表面上看，"和离"与"义绝"对保护妇女的权利，有一定的积极意义。然而，在男尊女卑的封建社会里，即使当事妇女达到了离婚的目的，往往也是最终的受害者。

◎古代婚姻的"不婚"原则

古代法律除了对犯有"义绝"者强制离婚之外，又对社会的婚姻生活提出了各种各样的限制。其限制内容大致包括"同姓不婚""宗妻不婚""尊卑不分""中表不分""良贱不婚""僧道不婚""奸逃不婚""居尊亲丧与配偶丧不得嫁娶""值帝王丧不得嫁娶"等数十条。

同姓不婚，即同一姓之男女不相嫁娶。这一规定，始于西周初期。先秦时期，姓和氏是两个不同的概念。姓，起源于母系氏族时

某大户人家小姐与自家男仆相爱,结果私奔不成,被门第观念森严的父亲棒打鸳鸯

代,用以表示母系血统;氏,是姓的分支,用来区别同姓内部的宗族系统。战国以后,以氏为姓;汉代以后,姓氏不分,因而同姓不婚多有不禁。至唐代,对同姓又循古制,予以禁止。宋、元时期,亦依唐律,同姓为婚杖责而离之。

明、清律例,将同姓与同宗区分开,并禁止其通婚。这在表面上虽合于周代"百世不通"的旧制,然而姓早已失去周代时的意义,不准其通婚是不合理的。清末只禁止同宗婚配,而不禁止同姓婚配,趋于合理。

宗妻不婚,即宗亲的妻妾虽为异姓,然而按照礼制是不能婚配的。尽管收继婚的遗风一直存在,但是除了元朝,历朝都明令禁止收继婚。不仅收继弟媳、寡妇为非道,而且娶同族的寡妇亦非正当。明、清时期,除了对收继婚严加禁止外,又规定凡娶同宗五服亲之妻,各杖一百,妾则减等,并离异。

中表不婚,即与外亲中的平辈不能成婚。然而,在旧时的婚俗中,我国民间大都信奉"亲上加亲"的观念,使得中表婚在民间广为流行。尤其是姑舅表亲婚,甚至曾成为一个时代的风尚。在帝王皇室中,中表为婚的事例也很多。如汉武帝娶其姑母之女陈氏为后;唐朝长乐公主为长孙皇后所生,下嫁其母之侄长孙冲等。

但是,中表婚实际上是一相近的旁系血亲,对后代危害很大。到了宋代,开始对此有"各杖一百,并离之"的处罚规定。明、清律例中也有类似的条文。然而,作为一种风尚的中表婚,其数量可谓庞大,这令官府有法不责众的无奈。再说连皇室贵族的婚姻都不能免俗,官府也只能睁一只眼闭一只眼了。明、清的律例,后来不

良民百姓不得与烟花女子通婚

得不在后面附上"姑舅两姨姊妹为婚者，听从民便"的说明。在20世纪70年代以前，中表婚这种现象，在我国一些农村地区仍然存在着。后来，随着人们文化水平的提高，以及优生优育政策的广泛普及，中表婚才逐渐消失了。

尊卑不婚，就是不能与外亲中辈分不同者结婚。但是在唐代之前，外亲尊卑为婚的现象时有发生。周代的媵妾婚俗，就是典型的尊卑为婚。唐代开始加以禁止。唐律规定："若外姻有服属而尊卑共为婚姻，及娶同母异父姊妹，若妻前夫之女者，亦各以奸论。"有些虽无服制关系，但仍居身为尊或者其他缘故，仍不得为婚。以后历代，基本都承袭了唐律的规定。

良贱不婚，即门第相差太远不能为婚。良贱为婚在汉代比较常见，许多后妃都出身于卑贱的庶民家庭。北魏时开始加以禁止。据《魏书·文成帝纪》记载：魏文成帝曾下诏："皇族、师傅、王公侯伯及士民之家，不得与百工、伎巧、卑姓为婚，犯者加罪。"

到了唐代，良贱不婚的范围扩大，而且还被列入唐律之中。倘若发生良贱通婚的现象，双方都要受到惩罚，轻则受杖刑，重则徒刑一到两年，而且双方都必须离婚。唐以降，对良贱通婚的惩罚，基本沿袭了唐律的规定。

僧道不婚，就是僧侣、道士不得娶妻，尼姑、女冠亦不能嫁人。古代还严厉禁止与犯罪逃亡的女子成婚，更禁止相奸为婚。这在古代法律条例上被称为"奸逃不婚"，其惩罚也相当厉害。在明律中，凡收留人家迷失子女，不送官府，自留为妻妾子孙者，杖九十，徒二年半。

古代封建礼教，父母去世，子女必须守孝三年。而丈夫不幸亡

某寺庙和尚情缘未了，竟与一年轻尼姑相好，触犯了"僧道不婚"之律例，受到了官府的严厉惩罚

故的妇女，其服丧期一般也是三年。在服丧期内，子女不得谈婚论嫁，寡妇不得改嫁。若有违反，处罚相当严厉。隋、唐时期，在服丧期内婚嫁，被归于"十恶"之内，并一直延续到清朝。唐律规定："诸居父母及夫丧而嫁娶者，徒三年；妾减三等。各离之。"

古代的皇帝乃真龙天子，一国之君。皇帝去世，称为"驾崩"，其葬礼称为"国葬"。在国葬期间，上至皇室成员，下至平民百姓，皆须穿丧服二十七日，所有的娱乐、婚嫁活动一律取消。在此期间，那些已经做好迎娶准备的人家，也只能自认倒霉，另择日期。即使有的人家赶巧正在婚礼的程序当中，也必须掩鼓息乐，匆匆完事。因为谁也不敢冒着灭门之罪，大张旗鼓地举办婚礼。

这些"不婚"的原则，其作用有利也有弊，对古代婚姻史的发展，曾产生过或深或浅的影响。尽管它们大都以律例的形式留存下来，但民俗的天空是千变万化的。有些地区的婚俗中，甚至出现了不少与律例相悖的内容，而且它们并没有受到"不婚"原则的完全限制，一直与其他习俗共存。

这一点，尤其是在一些少数民族地区，能够更加鲜明地体现出来。比如汉民族历朝历代禁止的"收继婚"，在过去西北边陲的游牧部落里，都是婚俗的主流。

因此，在这个临近结束的章节里，我们有必要简单了解一下古代婚姻的限制内容，从而在喜庆婚礼的背后，感受一下古代婚姻冰冷与僵硬的一面。

◎贞节牌坊上的泪水

今天，到一些古城镇的遗址游览，依稀还能见到贞节牌坊的影子。它们大都孤零零地伫立在一边，显得有些清高而寂寥。它们或石筑，或砖砌，但上面大都雕满了各种吉祥富贵的图案，如"花开富贵""凤戏牡丹""双凤朝阳"等等。观后，人们会不由自主地为古代建筑者手艺之精绝而啧叹。

然而，有多少游客会去深思它们曾经存在的意义呢？

这幅"贞节垂芳"的匾额后面，不知隐含着多少妇女辛酸的眼泪

贞节牌坊，是古时为了表彰那些死了丈夫却长年不嫁，或自杀殉葬的女性而兴建的。每一处牌坊上，不是涂满了一个鲜活生命的血液，就是浸染了一个女子数十年痛苦与孤寂的眼泪。

如果知道这一切，贞节牌坊上的那些美丽图案，是否顿时会变得僵硬和虚伪起来呢？

贞节牌坊，可谓古代畸形贞节观的产物。纵观中国婚姻发展史，贞洁观经历了从无到有、从弱到强的发展过程。在原始社会的群婚制里，无贞节可言。就是到了奴隶社会时期及封建社会初期，贞节观仍很淡漠。先秦时期，对寡妇守节并不提倡，妇女再嫁，也没有"不贞"或"不节"之论。

春秋时期，寡妇改嫁的事件层出不穷。据《左传·僖公二十三年》记载，重耳奔赴他国时，对他的妻子季隗说："待我二十五年，不来而后嫁。"另据《礼记·檀弓》记载：孔子的儿子死后，孔子主动将自己守寡的儿媳妇改嫁到了魏国。可见，当时不仅寡妇有改嫁

表彰贞女节妇的龙头"万古流芳"碑碑头

的自由，就是那些自己的丈夫没有死，而只是失踪很长时间的，女性也是可以改嫁的。秦始皇统治时期，虽然曾经禁止寡妇改嫁，但是到了汉代，这种禁止寡妇再嫁的规定却被推翻了。

到了汉宣帝时，方有史以来首次下诏褒奖贞顺。西汉学者刘向在编撰《烈女传》时，专设《贞顺篇》和《节义篇》，及至东汉班昭作《女诫》时，才将男尊女卑、夫为妻纲、三从四德等观念系统化起来，贞节观开始逐渐变得严格。虽然上层社会对妇女的贞节观开始重视，但普通人并不在意。因此在汉代，寡妇仍有改嫁的自由。

唐代前期，文化发达，社会开放，加之南北朝以来，少数民族进入中原后在民族大融合中形成的混杂风俗的影响，整个社会对贞节观念看得比较淡。

但是，这个阶段女教书籍却剧增，长孙皇后编有《女则》10卷，宋若莘撰写《女论语》12篇，陈邈妻郑氏撰有《女孝经》18章等等。其中，以宋若莘撰写的《女论语》影响最大。尽管统治阶层也倡导贞节观念，但是妇女改嫁行为却是十分普遍。据北宋宋祁、欧阳修等合撰的《新唐书·诸帝公主传》记载：唐代公主再嫁的就有23人，主要集中在前期。唐高祖李渊有19女，改嫁者4人；唐太宗李世民有21女，改嫁者6人；唐高宗3女，改嫁者1人；唐中宗8女，改嫁者3人；唐玄

那些看似壮观的贞节牌坊，其实大都是浸染着无数妇女的血泪修建成的

宗29女，改嫁者9人；唐肃宗7女，改嫁者2人。在当时人们的心目中，改嫁也是合乎伦理规范的。

到了宋代，贞节观念被理学家发展到登峰造极的地步。在理学家的眼里，"家人离，必起于妇人。"基于此，理学家要求妇女为丈夫恪守贞节，寡妇要从一而终，为丈夫尽节。宋代理学创始者程颐认为："饿死事小，失节事大。"也就是说，再嫁失节比饿死还要严重。不但寡妇再嫁是失节，就是男子娶了寡妇也有失节之罪。

清代妇女为守节而戴的贞操带

其衣钵继承者朱熹，更是青出于蓝而胜于蓝，将"守贞"的理论发挥到了极致。尽管宋代程朱理学把贞节问题看得如此严重，一再非难妇女再嫁，而当时人们并未完全接受这种观念，它对当时社会产生的影响不是很大。所以，宋代寡妇再嫁、妇女二醮之事并不罕见。

但在宋代以后，"饿死事小，失节事大"的思想弥漫了整个社会，贞节观念逐渐被人们自觉或不自觉地身体力行得到贯彻。循至明、清时期，达到极致。不仅大量的女训流布书肆，备于闺门，而且从法律上明确系统地规定了旌表节妇烈女的制度。明太祖曾下诏："凡民间寡妇，三十以前夫亡守志，五十以后不改节者，旌表门闾，除免本家差役。"

诏令还指示巡防督学，"岁上其事，大者赐祠祀，次者亦树坊表。"把寡妇持节与减轻徭役挂钩，并让家族与乡邻在荣誉上沾光。明朝对女性的贞烈可谓特别认真。这势必导致许多家庭或逼寡妇自尽殉夫，以求其烈；或强迫寡妇终身不嫁，以尽其节。如此，寡妇的亲属、族人、乡党及各地方官，便都能从中获得实际利益和好名声。他们蜂拥而上，群起干涉。社会涌起一层又一层让寡妇从一而终、至节至烈的风浪。

贞节观念失去了理性，成为摧残妇女的工具。清代时，贞节观念已经变成一种宗教信仰，"守身为女子第一要义"。

北魏时期的木板漆画《列女古贤图》

根据史料记载统计，宋朝以前历代节烈妇女总人数不过一百七八十人；宋、辽、金时有二百七十余人；元代约为五百余人；然而到了明代，已经不下万余人；到清代，每年上报朝廷的节妇烈女竟达数千人，这岂能不令人震惊！

畸形的贞节观念，在妇女当中造成了许许多多的悲剧。最惨的是殉夫，一些妇女在丈夫死后，选择自杀相随，以示贞洁。

明朝正德年间，福建福清有位名叫卢桂娘的女子，她嫁给李广才10个月，李就暴病身亡。卢氏先是哭，然后闭过气去，被人救醒后，又扑到李广尸身上，把其口鼻的血污舔了个一干二净。待到丈夫入殓，桂娘又哭得死去活来，直到身体僵直倒在地上。五六天后，家人对她的防护稍稍松懈，卢氏就悄悄在屋内自缢，以死殉夫。表面看是卢桂娘殉情李广，实际不过是怕寡妇不好当，与其折腾几回，不如一死了之。那内心的有苦难言，思想深处的激烈斗争，恐怕只有卢氏一人知道了。

元明以来，统治阶级把守节的寡妇和贞节表彰为"节烈""贞烈"，给她们建立了"贞节坊""烈女祠"。而清朝做得特别认真，旌表节孝，除了像以前一样给个别节妇调拨银两修建牌坊外，又命在各地建立节孝坊，表彰节妇。

自杀殉夫，以守贞节

在这些政策督导之下，旌表节孝成了地方官的一件要务。朝廷典章中关于旌表贞节的规定，更加完整系统。延至19世纪，只要是守节在6年以上身亡的妇女，都可以旌表。各地都建有大量的节孝祠，祠外建大坊。凡旌表之妇女，具题名于坊上。那些规模宏大的牌坊上刻着"节烈可风""流芳千古"等字样。在此种风气下，丧偶之妇女只能被迫守寡。直到民国初年，无论官府还是民间，仍不遗余力地褒扬节妇。

畸形的贞节观念，对古代社会的影响是全方位的。寡妇的社会地位，隐含着严重的歧视色彩。

受中国千百年来根深蒂固封建思想的影响，寡妇往往被视为不祥之人，不得参与家族内敬神祭祖和婚丧大典，好像她们丈夫的早死，与她们的"妨"与"克"有关。

另外，自古以来，中国人头脑中素有灵魂不灭，轮回转世的概念。民间普遍认为，寡妇死去丈夫的魂魄，将常随其身。有娶之者，必受其祟。又认为娶了寡妇，人死后，到阴间将要与其原夫争夺其身，所以娶寡妇成为民间一大忌讳。

清朝同治年间，官府表扬节孝的文书

这是古代性歧视、性压迫的历史写照。因而在寡妇改嫁时，便有许多特殊的风俗习惯，并在诸多方面有别于正常的婚姻嫁娶。比如皖西、皖南一带规定寡妇再嫁时，晚间在野外桥头，

清朝康熙年间，官府颁布的寡妇改嫁执照

由三方（原丈夫家人、媒人和新夫家人）共同订立婚书，注明身价，然后用青布小轿将寡妇抬至新夫家成婚。寡妇进门时，脱掉原来的白布鞋，穿上新鞋，不经前门，只能由侧门进入。不拜堂，不行家礼，也不摆酒席，只放一挂鞭炮了事。有的地区，寡妇再嫁时，还要先在村口外荒野的草屋，找一个孤寡老太婆伴宿三夜，然后由男方雇轿到原夫家迎娶。起身时，要宰杀一只公鸡，用鲜血淋地，以示避邪。

旧时，台湾民间寡妇改嫁，也忌讳像初婚那样从娘家坐轿，必须徒步走到半路再坐轿。有的寡妇还要在上轿的地方丢下一件自己平时穿的衣服，然后才放心上轿。据说，这是为了辟除前夫的灵魂跟随寡妇来到新夫家作祟。

江西、河南一带，寡妇再嫁，必走偏门、后门或从墙壁上凿洞而出，不能走正门和大门。改嫁还要在夜晚，且不用鼓乐。如果被人撞见，便认为是不祥之兆，将有凶祸发生。破解的办法就是对看见的人要狠狠唾骂几声。

从以上这些习俗可以深刻地感受到，旧时寡妇再婚，不仅不如初婚那样受到重视，而且在许多地方被认为是"不光彩"的事情。因此，寡妇再婚的习俗，往往带有"惩罚"的性质，甚至是"侮辱"的性质。

然而，颇耐人寻味的是，正当贞节观念演变成为一种社会流行的陋俗，四处在竞相修建贞节牌坊时，明、清淫词小说、戏曲

封建礼教森严的明、清时期，也是淫词小说、戏曲空前繁荣的一个阶段

却空前繁荣起来。

　　这些淫秽小说中不乏描写寡妇偷情纵欲之情节。从一定意义上讲，明、清时期对节烈妇女的空前褒扬，即预示着夫权的崩溃。新中国建立之后，虽有遗风，但时代新风日益建立，妇女再嫁已不再为耻。即使在偏远的乡村，丧夫再嫁，也已经成为再平常不过的事情了。

◎为爱私奔，封建婚姻里的人性之光

　　在中国几千年封建社会中，由"父母之命"决定儿女婚姻的风俗，从礼制上的肯定到政治上的认可，发展到以法律固定，形成了风俗、礼教、法律三位一体的传统婚姻特质。所以青年男女要想冲破"父母之命"的禁锢，通过自由恋爱而光明正大地缔结良缘几乎是不可能的。即使有些相对自主的婚姻，至少也要得到父母的默许或承认。

　　如果有哪对男女敢自由恋爱，女子就嫁不出去，男的便难娶老婆，全家族的人都觉得见人"矮三分"，抬不起头来。所谓"爱情"，是几乎人人都回避的淫秽之词。

　　"抛绣球招亲"，是人津津乐道的一个话题，认为古人对待婚姻非常浪漫和时尚。其实，所谓的"抛绣球招亲"不过是后人的意淫罢了。

　　古代婚姻，门第观念尤为严重。时至今日，这种门第的偏见对现代婚姻仍然具有一定的冲击。古代的那些大家闺秀，其身份要比那些普通百姓之女自然高贵许多，前来提亲的媒人更是踩破门槛。其父母怎么会让她们抛头露面，仅凭手中的一个绣球来决

绣球

定一生的幸福呢？

万一抢到绣球的是一个乞丐或无赖呢？那岂不是故意将女儿往火坑里推！这样的事情，只有疯子才可能做得出来，所以抛绣球招亲的事情根本不靠谱。

抛绣球招亲，只是人们一厢情愿的虚构而已

当然，绣球这玩意是真实存在的，不过它的用途仅仅是作为一种娱乐品而已。尤其是我国壮族的青年男女，他们在一些传统节日的娱乐活动中，经常抛绣球嬉戏、传情。即便如此，也不是绣球抛到哪一个年轻小伙手里，抛绣球的姑娘就必须嫁给她，毕竟误抛的概率也是很大的。

那么，这是不是说古代就没有自由恋爱的婚姻了呢？肯定有，但相对来说数量非常少。不过，在古代是没有"自由恋爱"这一说法的。人们将未婚少女不通过父母的同意和媒聘程序，便与自己选中的对象结合的现象，称为"私奔"，也就是现在所说的自由恋爱。

私奔，早在西周的时候就出现了。在聘娶婚刚刚逐步完善的春秋时期，婚姻礼制还不完备，因此私奔现象十分常见。据《国语·周语》记载："恭王游于径上，密康公从，有三女奔之。"说明当时虽然已经施行了婚姻媒聘的礼仪习俗，但是仍然有很多女子不习惯受这样的束缚，而是选择最简单的直接投奔的方式追求自己的婚姻幸福。

秦、汉以来，私奔的现象一直存在，其中最著名的当属卓文君夜奔司马相如的故事：

卓文君是西汉大富豪卓王孙的女儿，长得美貌如花，擅长音律。卓王孙舍不得将女儿嫁出去，便招婿上门。不料，佳婿婚后不久便病故了，正值花龄的卓文君就成了寡妇。

不久，当世知名的辞赋家司马相如来到卓文君的故乡临邛访友。卓王孙听说地方长官也很敬重此人，便请他来家中赴宴。宴席上，司马相如便以一曲《凤求凰》向卓文君表达爱慕之意。

悠扬的琴声将卓文君吸引过来。她在窗外偷看，顿时被司马相如的风雅之态给迷住了，心生爱慕。其实，司马相如此行的目的也是"醉翁之意不在酒"。散席后，他塞钱给文君的侍婢，托其向卓小姐递送"情书"。

卓文君知道嫌贫爱富的父亲决不会同意自己嫁给一个穷书生，但又情不自已，便于当夜私奔相如下榻的客栈，随其返回成都。卓王孙得知女儿私嫁司马相如，愤怒不已，并宣布："我虽不忍心杀她，但决不给她一文钱奁资！"

为爱私奔的卓文君与司马相如

他俩私奔之后，司马相如仍然是空有才艺无钱财。卓文君便放下千金富家小姐的身份，当垆卖酒。卓王孙闻讯，颜面实在挂不住了，便让人送去一笔丰厚的嫁妆，让小夫妻俩歇了生意。好在由于这份感情得之不易，双方比较珍惜，最终结局还算是美好的。

私奔，是对旧式婚姻礼制的反抗。它不顾父母的意愿，是男女双方自由恋爱的产物，更是对封建传统礼制的挑战。而在下层民间社会中，私奔行为要更多一些。当然，这里所说的多，只是相对而言。

出身贫寒的男女往往从小一起参加劳动，礼教观念也比较淡薄，自由恋爱是常有的事情。如果一方的父母出来干涉，那么就会逼迫儿女出现私奔的行为。另外，封建奴隶制也是催生私奔的重要因素之一。有很多女性从小就被卖到富家为奴，她们的命运也往往不在自己的掌控之内。婢女们为了追求自己的幸福和爱情，难免会有私奔的事情发生。

礼教森严的封建社会，对私奔者的惩罚非常严厉

一些流传甚广的古老神话，如"牛郎织女""董永遇仙"等，多少都有一些"私奔"的意味。但结局都进行了戏剧性的处理，悲剧的事实带有各种物化的渲染，借以表达人们对自由恋爱的美好向往。

在"父母之命、媒妁之言"婚姻意识深深浸渍于人们灵魂深处的封建社会里，自主私奔形式的婚姻毕竟太少。而绝大多数青年男女的婚姻幸福，被湮没在封建礼法的汪洋大海中，有情人难成眷属。

为爱殉身的故事，在古代文学作品当中更是俯拾皆是。元代传奇小说《春梦录》讲述了这样一个故事：元代女子吴氏，擅长吟咏。她常常叫女佣向邻居郑禧索取诗词，两人在交往中产生了爱情。后来，郑禧向吴母求婚，遭到拒绝。而失望至极的吴氏，最终忧恨而死。

牛郎织女的传说，表达了古人对自由美好爱情、婚姻的无限渴望

237

元代宋梅洞根据历史事实创作的小说《娇红记》，读起来使人潸然泪下：北宋宣和年间，申纯和表妹王娇相爱。王娇的父亲恋慕权势，想把女儿嫁给节度使的儿子。王娇、申纯努力抗争，但终究敌不过"父母之命"。王娇自杀而死，申纯不久也忧愤而死。

更为著名的则是《梁山伯与祝英台》的故事：祝家小姐英台，女扮男装到杭州求学。在途中，她遇到同是外出求学的梁山伯，俩人结为"八拜之交"。同窗三年，祝英台暗中爱上了梁山伯，而梁山伯却不知道祝英台的真实身份。

分别前，祝英台假称有一妹妹，许嫁给梁山伯，并暗示其10日后来说亲，但梁山伯却误认为是30天。

30天后，当梁山伯如约来到祝家提亲时，祝员外已经将祝英台许配给当地马员外的公子，并定下了迎亲的日期。

年画《梁山伯与祝英台》之"同窗读书"

二人相见，梁山伯才知道祝英台的真实身份，他悲痛交加，但已无法改变现实。离开祝家后，梁山伯一病不起，含恨辞世。马家迎娶祝英台的路途，经过梁山伯的坟墓，祝英台坚持要到梁山伯坟前祭拜，获得许可。祝英台痛哭祭奠梁山伯，当时，风雨大作，坟墓裂开，祝英台纵身坟内，殉情身亡。

尽管人们内心里对自由恋爱充满美好的向往，但在严格的封建礼教管束下，很少有人敢于违抗主流的封建价值观。于是，人们只好借助"梁祝"等传说来寄予美好的向往。

古代社会，对私奔的惩罚极其严厉。男方被发现后，会被宗族祠堂除名，土地被充公。人被绑在门板上，接受族棍的惩罚，最终被打伤，甚至被打死。女的要么被送回家，要么被沉到井里或水塘里淹死。若是女方家族有势力，就会把男方赶出势力范围之内。但是无论男女，当事人家庭都会觉得很耻辱，在社会上长期抬不起头来。

由此可见，在封建社会中，私奔所承受的压力和阻力是难以想象的，因此，获得圆满结局的情况也很少。私奔的成功，与私奔者的社会地位也有着很重要的联系。司马相如和卓文君的圆满结局，不能不说跟他们的社会地位有一定的关系。绝大部分的男婚女嫁，还是依照"父母之命"，并在"媒妁之言"的辅助下完成。

19世纪末20世纪初，随着西方资本主义文化的输入，中国现代化的进程加快，城市工业化冲击着传统家庭制度，以家族利益来制约个人婚姻的社会基础开始发生动摇。一些青年开始冲破旧思想的束缚，争取婚姻自主。传统的父母包办婚姻制度开始面临挑战。

早期的新派知识分子，对传统的扼杀个性自由的畸形婚姻制度进行了批判。梁启超以《新民丛报》为阵地，撰写了《禁早婚议》等文章，猛烈抨击封建婚姻制度，主张婚恋自由，实行一夫一妻制，

近代著名思想家、政治家梁启超先生，对冷酷的封建婚姻制度进行了猛烈的抨击

反对纳妾。谭嗣同则以自己的婚姻生活，实践了一夫一妻制的原则。1900年，蔡元培在续弦时，公开提出了男子不娶妾、男子死后女子可改嫁、夫妇不合可离婚等择偶条件，直接向传统婚姻制度发起挑战。

20世纪初，一批先进的知识分子，如秋瑾、刘师培、何大谬等，发表了一系列文章，提出了从改良婚姻、家庭革命到废除婚姻家庭等异彩纷呈的思想主张。这些主张和行动，极大地促进了婚姻自由观念的扩散。

新中国成立之后，我国法律对青年权益和妇女权益，以及婚姻自由权利都有了保护规定，从而为人们的婚姻幸福，创造出了极为有利的条件。它使得以爱情为基础的婚姻，不但成为可能，而且蔚然成风。

在封建社会曾被严厉压制的"自由恋爱"，早已成为现代婚姻的主流。尽管有些婚俗，仍带有传统社会的痕迹，比如民间许多婚姻仍然靠媒人来撮合。但这是建立在男女平等交往的基础上，他们彼此间拥有充足的时间进行相互了解。在恋爱的过程中，彼此关心更多的是对方的思想品行、情趣志向和自理能力等。在拥有了坚实的感情基础之后，男女双方才会进一步谈婚论嫁。这与古代的"媒妁之言"有着天壤之别！

在这种婚姻自由平等的文明气象下，也产生了一个令现代人棘手的问题，即婚姻离婚率较高。婚姻自由，自然也包括离婚自由；男女平等，男女双方如果谁认为感情已经破裂，自然谁都可以提出离婚。从这个意义上讲，出现离婚率较高的现象也就在所难免了。但是，在这个婚姻更加自由的时代里，不应该让离婚行为成为一种常态。我们应该鼓励人们慎重地对待婚姻，反对轻率离婚，这是现代婚姻一个值得重视的问题。

20世纪60年代的年画作品《龙凤呈祥》

　　中国传统婚姻习俗，大多是以封建礼教为基础的，很多礼俗中都带有迷信和男尊女卑的色彩。因此，我们在了解的同时，不妨将那些糟粕和陋俗剔除，将那些具有民族气息的，充满感恩和美好向往的习俗传承下去。尤其对那些刚刚步入婚姻殿堂的新人们来说，更应该静下心来，从传统婚俗文化中感悟到一些东西，彼此懂得珍惜、包容与感恩。只有这样，婚姻的基石才会在平凡的岁月里，被两个人的心跳夯得越来越坚实！